THE BEST SEAT IN THE UNIVERSE:
A Simple Guide to Navigate Life

全宇宙最好的座位

我想這樣過一生！掌握人生方向的簡明手冊

葛雷姆・安德森 Grahame Anderson——著
聿立——譯

本書獻給——

每一位覺得生活有著難以忍受的平淡乏味，
或對日復一日的重複感到厭倦的人。

內心深處，
你知道只要勇於改變，
就能為自己和家人創造一個更美好的未來。
精采而絢爛的人生正等待著你。

序

最好的改變，莫過於改變自己

在每個人的生命中，都會有那麼一個轉捩點，相信你也不例外。日子原本平淡如水，直到某一天，你幡然醒悟。那是一場靈魂的甦醒，是一個澄澈的瞬間。它猛然揪住你的衣領，把你徹底搖醒。那一刻，你終於明白：生活不能再這樣蹉跎下去了。

這是我將近二十五年前的親身經歷。我曾是一名平版印刷技師，在工廠操作機器長達二十餘載，工作兢兢業業，但收入僅能勉強餬口。我開的車老舊不堪，家裡連基本的地毯都沒有，家具大多是親友贈送的二手貨。我所渴望的，不過是和妻子有著稍微體面點的生活。

那天深夜，又是一個值夜班的日子，我的覺醒時刻悄然降臨。我不太確定自己怎麼了，只記得站在那裡，感覺天旋地轉，猛然意識到自己的生活正在日復一日、月復一月地重複著，毫無變化。

那一刻，我知道內心發生了翻天覆地的變化。但究竟是什麼變化？這一刻跟以往有什麼不同？我說不上來，只是清楚地認知到：我的生活必須有所改變。

茫然之際，友人建議我到當地的書店翻閱一些心靈勵志書。我買了數本生涯指導的書，一本接一本，急切地閱讀。書中的建議大同小異：擬定計畫、養成好習慣、採取行動。這聽起來似乎太容易了，怎麼能改變我的生活？不過既已參考了專家的建議，那不如姑且一試吧。

於是我擬定計畫，培養新習慣，邁出轉變的第一步。你猜結果如何？毫無變化。所謂「毫無變化」，是指在最初幾週裡，我並未感受到任何顯著轉變。我持續閱讀，也遵循書中的建議。幾個月後，奇妙的事發生了，生活開始出現細微的變化。有了計畫，我明確知道自己前進的方向，也越來越有自信，開始相信任何目標都能達成。我變得更加果斷，專注於自己的目標；改變雖緩慢，但一直持續著。這些勵志書籍幫助我獨立思考，並在心中植入新的信念。每天閱讀正向肯定句，為我注入動力和活力。昔日那個虛擲光陰的工廠工人已不復存在，取而代之的是一個懷抱遠大志向、全新的我。

每完成一項新的挑戰，我便更上層樓；隨著新習慣逐漸鞏固，我也蛻變成截然不同的人。

離開工廠後，我自行創業，至今已二十餘年。與那些收入驚人的影視明星或搖滾巨星相比，或許稱不上成功；但若以當年的起點來看，再對照這些年來所達成的目標，我確實小有成就。這些年來，我雇用過不少員工，透過銷售網站和數位行銷服務，創造了數百萬英鎊的營收（譯注：一百萬英鎊約為四千二百萬臺幣），也不再需要低聲下氣地向銀行經理申請貸款。我的成就或許稱不上顯赫，但也達到了多數人嚮往的境界。

回首來時路，深知若非多年前那個關鍵時刻促使我做出一點點改變，絕不可能有如今這般豐衣足食的生活。我見到許多熟人，明明清楚前方有更美好、更光明的前途，卻甘於平庸。事實上，他們只要願意踏出一步，就能擁有更燦爛的未來。

這是我的故事。那麼，你的呢？

也許你正身陷困境，苦苦掙扎，卡在一段無法脫身的失敗關係裡。或許你因屢次錯失升遷機會，渴望轉換跑道。許多人的生活就這樣在無止境盡的循環中打轉，被日復一日的辛勞消磨得身心俱疲。然而，每逢新年來臨，你和許多人一樣，大概都對家人懷著簡單的期盼：盼望生活過得更好、收入多一些、身體更健康、煩惱少一點。遺憾的是，許多人年年許下相同的願望，卻始終沒有任何實質的改變。但如果你不只是許願或祈禱，而是擬定計畫、付諸行動，推動自己前進，會不會有所不同？

你想要改變的理由或許和其他人不同，這無妨。畢竟，我們每個人都有自己的故事、各自的苦楚與不同的處境。

我認為，許多人寧願忍受痛苦，在那條永無止境、不知通向何方的循環裡打轉，只因這麼做比面對改變容易。我們都知道，改變可能令人恐懼不安，因為這意味著要走出日常的舒適圈。

此刻，會是你的覺醒時分嗎？現在會不會正是那個撼動人生，追尋理想生活的最佳時機？

其實你心裡很清楚，如果不改變現況，五年、十年後將依然停滯不前。如果屆時一切毫無進展，你又將作何感想？如果你選擇逃避，拒絕邁向更好生活的第一步，那麼，就只能停留在原地，但我想那應該不是世界上最幸福的地方。

你想守著這樣的人生，還是渴望一個更美好的未來？

我相信你知道，改變意味著需要突破局限、嘗試不同的方法。我希望閱讀這本書能讓你意識到生活必須有所改變，而最好的改變，莫過於改變自己。這份自我覺醒將成為你的催化劑。也許你還沒發現，但當你拿起這本書的那一刻，就已經踏出了第一步，而這往往也是最困難的一步。我想知道的是，你能不能邁出第二步？我相信你可以。你會發現，每一個往前踏出的步伐，都沒有腦海中那些「嚇唬你」的念頭來得那麼可怕。

接下來我要說的，是你將在這本書中讀到最令人遺憾的一個事實。每個人都值得擁有更好的人生，但並不是每個人都願意付諸行動。商界人士都明白，成功會帶來更多成功。只要你願意踏出積極的第一步，就能再跨出下一步，如此循環不息。然而，商業有清晰的架構，卻從來沒有人教導我們這些平凡人該如何為自己打造一條通往成功的道路。遠離過往的每一步，都是積極邁向新生活的一步。一兩年後回頭看今天的自己，你會認不出當初的那個人。而到那時，你唯一的遺憾，只會是為何沒有早幾年採取行動。

雖然這是一本心理勵志書，但它並非傳統意義上的勵志讀物。我不會列出「改變人生的五十個方法」或「人人都該知道的三十三個祕訣」。本書所彙整的內容更加細膩而深刻。透過一系列短篇故事，你將跟隨主角傑克穿梭於奇特世界的旅程，從中找到與自身處境的共鳴。相較於條列式的規則或待辦清單，故事更容易讓人記住。書中每一則故事都是一個行動提示，讀者可依自身需求，選擇在特定領域中實踐與應用。你或許已具備某些優勢，因此不見得每個章節都適用於你。但我相信，其中一定有些章節能深深觸動你，或許還能以從未想過的方式聚焦在自己身上。

我相信這套方法能幫助人們採取實際行動，並找到規畫未來的方向。故事中蘊含的道理，簡單易懂且容易實踐。我衷心希望，你能在這本書中找到一直在尋找的答案。最後，我想在你和傑克一同經歷這段旅程的同時，為你設定一項個人挑戰。我希望你也能像傑克一樣，去尋找「全宇宙最好的座位」。若你有幸找到它，你將明白真正掌握自己的人生是什麼意思。

目錄

第一部：相遇

第二部：旅程

第三部：重逢

第一部

相遇

不可思議的真相

即將讀到的故事，必定會讓你感到匪夷所思。你可能會懷疑，這些事情真的有可能發生嗎？在你釐清真相之前，這個疑問將在心中揮之不去。信或不信，完全取決於你。但我可以肯定地說，所有我獲得的資訊都讓我相信，有些難以置信的事情，確實曾經發生過。

我是法蘭克．科恩，三十年來一直為美國最暢銷的高級雜誌撰寫專題報導。我的人生精采豐富，很少有無聊的時刻。也有幸與各界的權貴和名人共事，領域橫跨電影、體育和政壇。我曾被派往多國進行採訪，也曾親臨前線，報導那些悲慘事件的發展。說我過著令人羨慕的生活，恐怕都還太輕描淡寫了點。

然而，正如有句老話：好景不常。在多年四處奔波的生活後，妻子對我下了最後通牒：要麼在家鄉波士頓找份工作，要麼兩人分道揚鑣。

但我負責的重要專題都需要深入調查，實在無法在家完成。我知道老闆絕不會同意我遠距工作，於是我做了符合職場倫理的選擇：提出辭呈。

我的老闆是個作風強硬的女強人。她把我的辭呈扔回來，告訴我出版社正在籌備一項機密計畫：一本全新的月刊，辦公地點就在波士頓。若我有意，主編一職就由我擔任。資淺記者負責蒐集第一手報導素材，而我的工作則是潤飾、編輯和出版。這似乎是皆大歡喜的結果，老闆給我半年期限：「把這本雜誌辦起來，否則就停刊。」

就這樣，我入主新的辦公室，成為報攤上那本最奇特《不可思議的真相》雜誌的主編。我固然感到驕傲，但更多時候反倒覺得尷尬。這是一大挑戰，特別是在這個資訊全面數位化的時代。

我們的三名記者年輕有為、幹勁十足。我的職責，則是永遠抱持懷疑態度。他們熱愛那些怪事，為了趕稿可以廢寢忘食。為了拍攝鬧鬼現象徹夜不眠，或是觀察女巫作法、造訪疑似飛碟降落的地點、採訪聲稱被外星人抓去檢查的民眾，這些事對他們而言可謂家常便飯。

幾個月過去，總公司驚訝於這本月刊的成功，於是投注更多資金，還指示我們改為雙週出版。在大多數刊物的讀者流失之際，我們的讀者卻大幅成長。

運籌帷幄的公司高層頗具遠見，找人架設了網站。透過分享故事和社群媒體互動，網站流量暴增。這些事遠超出我的能力範圍，在許多方面，我頗慶幸自己即將退休。我不太喜歡讀者只要動動滑鼠，就能對每則故事發表評論。然而，額外產生的廣告收益卻也證明了線上互動的價值。

在波士頓的生活美妙無比。我熱愛這座城市的歷史內涵、精緻的餐館，以及無數引我駐足的酒吧。妻子也很享受這失而復得的親密時光，生活步調也漸趨安穩。沒想到已走遍世界各地的我，竟也能在探索家鄉的過程中感到樂趣無窮。我已擬好未來計畫：再工作三年，存一筆退休金，之後便將雜誌重任交付給一位更具有遠大抱負的同事。

我第一次聽說這篇接下來要告訴你的精采故事，是在某個平淡無奇的早晨。那天電話安靜無聲，信箱裡大多是垃圾郵件，幾位同事也都外出採訪去了。當時我正忙著編輯一篇荒誕的文章，內容提到有外星怪物被困在北極冰層裡，文章附帶幾張模糊的照片，隱約看見冰層裡有個黑影。雖然我們的美術部門有時會對這類照片進行強化處理，好讓讀者看得更清楚，但這幾張照片一如往常地什麼也看不清楚。辦公桌上的電話響起，是我們公司最年輕的記者蘇西。她跟平常一樣，連珠砲似地說著話。

「蘇西，說慢一點，先深吸幾口氣。」

「抱歉，法蘭克，我太激動了。你有空嗎？」

「當然，怎麼了？」

「我這週要完成三個專題報導，但我不可能同時出現在三個地方。」

「那我能幫什麼忙？」

「我接到一個農夫的電話，他說他去過人間以外的空間。」

我搖搖頭。「他到底在說什麼？」

「他說在他外公過世前，他們之間產生了某種連結。不知什麼原因，他們一起被拉進一個奇異的靈界，得以窺見人生『幕後』的樣貌。你知道他們在找什麼嗎？你絕對想不到！聽好了，他們要找的是『全宇宙最好的座位』。那個人真的說得很誠懇。」

「誠懇！」真搞不懂公司這些記者的腦子裡都裝了什麼。「算了。他到底怎麼了？而且妳跟我說這些做什麼？」

「法蘭克，因為他就住在你家附近。他在丹佛斯附近的農場長大，現在也還住在那裡。」

「我知道丹佛斯，就在塞勒姆附近。印象中那裡本來就是塞勒姆，後來才改名為丹佛斯。拜託，不會又是跟女巫有關的事吧？」

「不是。我不常這麼說，但這個人的故事聽起來很可信。他本來打算把故事賣給我們的競爭對手，但我跟他保證一定會找像你這樣的人來採訪他。他知道你是誰，也很欣賞你的作品。」

「謝謝妳啦，蘇西，我都不知道主編換妳當了呢。把他的資料寄給我吧，我再找時間跟他聯絡。」

「恐怕不行，他堅持當面談。我已經說了你會跟他碰面，別忘了拍照唷。」

「就沒有別人可以去了嗎？」

「沒有，我們都在忙專題報導，抽不開身。我看了你的行程表，跟他約明天十一點碰面，希望你不介意。我待會兒把他的資料寄給你。」

隔天早上，我把筆電和幾樣物品裝進包裡，再帶上那臺值得信任的老佳能相機。跟智慧型手機相比，我還是更喜歡專業相機，尤其是想拍出景深效果的時候。我打算用手機錄音，可能也會拍些影片。

驅車前往丹佛斯，心想這大概又是一個天馬行空的故事，但這次會面的實際情況卻完全出乎我意料。這位名叫傑克．德雷尼的農夫，講了一個精采而獨特的故事，深深打動了我，讓我根本無法不相信他。

一個非比尋常的故事

丹佛斯位於新英格蘭的心臟地帶，是個典型的「美式」小鎮。上次造訪此地，是為了研究十七世紀那場惡名昭彰的塞勒姆審巫案。我衷心希望這次不是另一個女巫故事。

經過一間間小型精品店，來到一家咖啡廳前。櫥窗裡擺滿糕點，陣陣咖啡香氣從門縫中溢出，瀰漫在空氣中。對面有間古董書店，書籍從地板一路堆疊至天花板，令人忍不住想進去一探究竟。若在平時，我可能會在那裡消磨數小時，但今日肩負任務，必須全神貫注於手邊工作。我的計畫是，快速了解這位農夫的故事概要，再拍幾張照片就走，然後整個下午都待在古董書店看書，或在河邊樹下撰寫回憶錄。

我找到約定見面的地點：貝蒂熟食店。店後方有一座被圍牆環繞的花園，設有露天座位區，園中花朵綻放。我選了個角落位置，以免其他客人聽見交談內容。幾隻小鳥正在爭搶放在餵鳥臺上的海綿蛋糕屑。這時，一名穿著牛仔褲配格紋襯衫的男子走了進來。他脫下帽子，環顧四周顧客，走向一位老先生，但老先生搖了搖頭。我朝他示意，於是他走向我的桌子，拉開椅子。

「請問你是法蘭克嗎？」

「我是。」我從皮夾裡取出名片遞給他。

「我是傑克．德雷尼。」他的握手堅定有力，手掌帶著長年體力勞動的觸感。他坐下時，我注意到他正在上下打量我。等待咖啡送上來的期間，我們客套地閒聊起來。

經驗告訴我，不可直接進行訪問。我的方法是先培養感情，深入了解受訪者，也讓他們更認識我。如果能先建立信任感，後續訪談會更順利。

我原先以為傑克可能會有點古怪，後來才發現這只是我無端的揣測。傑克向我講述故事的各種背景時，身上散發著真誠的氣質，令人感覺真摯。他勤奮踏實，價值觀和我遇到的那些追求名利者截然不同。他能言善道，彬彬有禮，對自己所信仰的事物專注投入。我欣賞他談到未來時流露的抱負與熱情，這顯然是他那段不尋常經歷帶來的直接結果。

自從擔任《不可思議的真相》的主編以來，我讀過太多奇人怪事，多到已經沒什能讓我感到驚訝。大多故事只是舊調重彈，鮮少有真正原創的劇情。一旦有人刊登外星人解剖的報導，不出幾天，就會有好幾本雜誌推出相同主題的內容。

我對這人充滿信心，也感覺他對我很放心。「傑克，跟我說說你的故事吧，」我說，「你覺得自己經歷了什麼？」

「不是我覺得經歷了什麼，而是確實發生了什麼。」

「好的。傑克，在開始之前，我必須先問你一個問題。你即將告訴我的故事是真的嗎？」

「是的，千真萬確。我沒有理由對你撒謊。」

他說話條理清晰，令我頗為意外。大多數提供我們故事的人都顯得有點愚蠢，他們會在講述過程中加油添醋，但關心的往往只是能否獲得稿費或電影合約。但這人除了講述故事，對其他事情毫無興趣。

我把智慧型手機放在桌上，按下錄音鍵，照常做了開場白，說明人物、地點、時間。「在我身旁的，是來自麻薩諸塞州丹佛斯的傑克．德雷尼，以下是他的故事。傑克，請開始吧。」

傑克清了清喉嚨，環顧咖啡廳四周。起初他語速緩慢，但越講越有自信，說話速度也跟著快了起來。

「除了家人外，我很少跟人提起這件事，因為我不想讓人覺得我腦子有問題，」他開始說道，「事情發生在十年前，就在我二十一歲生日後不久。我很確定如果提到這件事，其他人會認為我是神經病。我在學校成績平平，擔心大家會因為這件事而嘲笑我，所以一直沒向人提起。但自從那次經歷後，這件事就在我腦海中不斷重演。我知道這個故事太精采了，一定要分享出來。大家有權知道在那裡等待著他們的是什麼。」

他說的話引起我的注意。我不禁開始感到好奇，尤其是他提到自己多年來一直守口如瓶。

「那時我外公生病住院，」傑克接著說，「他是全世界對我來說最重要的人。我們幾乎每天都在農場一起工作，修理農具、耕種、照料牲畜。我所知道的一切農事，都是他教我的。我媽說，從我會走路、說話起，外公到哪都帶著我。說起來有點難過，我從來沒跟外公以外的人這麼親密過，連我爸也沒有。」

傑克的雙手明顯帶著務農痕跡。他是個勤勞的人，這點無庸置疑。我理解他對外公的感情。每個人的生命裡，都有那麼一個影響深遠的人，可能是家人，也可能是激勵人心的朋友。我時常想起朋友的父親，他對我諸多指導，但我的父親卻從未如此。

「我在外公的病床前守候了三天，知道他可能會離世。我不願思考這個可能性，但如果真的發生了，我也希望能在最後的時刻陪在他身邊。」傑克嘆了口氣。「那是我人生中第一次注意到他看起來這麼蒼老。雖然他已經七十多歲了，但在我眼中他一直都身強體健，從未顯露老態。但當我看著他躺在那裡時，第一次注意到他臉上歲月的痕跡。他的皮膚乾裂、滿臉皺紋，那是多年來待在戶外風吹日曬勞動留下的印記。他的手如皮革般粗糙，上面傷痕累累，是他多次被卡在各種農具機械時割傷留下的。有一次清理卡在乾草打包機裡的乾草時，他還斷了一截手指。他曾多次提到不想成為我們的負擔，說他寧願在工作時猝死，還囑咐我，要是哪天發現他倒在田裡，務必用棍子把他撐起來，這樣他就能繼續當個稻草人。他有黑色幽默。」

年輕人眼中泛著淚光。

「聽起來你外公是個很有個性的人。」我低聲道。

「是啊，他一生勤勤懇懇，直到倒下的那一天。」

「告訴我發生了什麼事吧，就是你跟我們家記者蘇西提到的那次奇遇。」

傑克擦了擦眼睛，擤了下鼻子，引來附近幾位顧客側目。「我和外公一起回憶往事，說起小時候他帶著我闖了哪些禍。他說我媽總是擔心他會把我忘在田裡，當然，這種事從沒發生過。他躺在醫院病床上時，我請他跟我分享他最喜歡的回憶。事情就是從那時候開始變得有趣起來……」

我很難描述聆聽傑克講故事時的心情。我從原先的懷疑，轉為欣喜，最後變成理解。期間他數次眼眶含淚，這時我會暫停錄音，告訴他如果太難受的話，我可以理解，同時跟他強調不必勉強自己說下去。

第一次發生這種情況時，傑克用格紋襯衫袖子擦了擦眼角。「你不明白，」他說，「這個故事我非講不可。跟我或外公無關，而是有個地方確實存在，但世界上卻沒有人知道，你的讀者需要知道這件事。」

我再次按下錄音鍵。你即將讀到的文字，是傑克的原話，一字不差。

第二部

旅程

STOP 1

結束的開端
在美麗人生旅程的盡頭，朝著光前進

「除了你和你母親之外，我最喜歡的回憶永遠都是那棵大樹。」外公說道，目光悠遠。「如果說除了人以外，還有什麼在我心中刻下不滅的印記，便是那棵神奇的樹了。」

我懂。數百年來，那棵大樹一直是當地所有孩子的最愛。沒人知道這棵樹確切的年齡。在現存的人記憶中，這棵樹一直在那裡。有人說它已經四五百歲了，雖然我本來就知道答案，但我還是問外公這棵樹有什麼特別之處。

「傑克，它的體積啊。整個新英格蘭地區找不到第二棵能跟它相比的樹，它比排名第二的橡樹大至少四倍。那些盤旋交錯的枝幹、蒼鬱茂密的樹冠、樹幹上數層樓高的『樹洞』，還有那些繩索鞦韆。我喜歡看河水在樹旁蜿蜒流過，蜻蜓像戰鬥機似的在水面上來回穿梭。對我來說，它不僅是棵樹。你和你的朋友把它當作祕密基地，我和我的朋友也一樣。我們會爬到高處，會和情人在樹蔭下談笑歌唱，共度無數的歡樂時光。至於那些特別重要的人，我們會在樹幹上刻下心形和彼此名字的縮寫。這是一棵生命之樹，那個地方確實有種魔力。」

我完全贊同。這一生中，我曾無數次造訪這棵樹，在酷熱難耐的夏日坐在樹蔭下乘涼、閱讀，也親吻過幾名少女。外公說得沒錯：這確實是非常特別的一棵樹。

護士為我安排一間緊臨外公病房的小隔間，裡面有張簡易床，讓我能隨侍在側。確定外公熟睡後，我會抓緊時間打個盹。事情發生那天，我傳簡訊給媽媽，請她好好休息，並答應晚上會打電話給她，之後把手機插上充電，一躺下便沉沉睡去。護士叫醒我的時候，我應該已經睡了好幾小時。

「你該去陪你外公了，」她說，「他的呼吸變得很紊亂，恐怕時間不多了。」

我衝到他的病床前。他睜開眼睛，對我微笑。他的嗓音沙啞，每次呼吸都伴隨著尖銳的喘息聲，音調忽高忽低。

「傑克，孩子，我就知道你不會離開我。你跟我總是形影不離，就像一對雙胞胎。」

「我當然不會離開啊，反正也沒別的更重要的事，就想說過來看看。」我朝他俏皮地眨眨眼。

「我想，我的人生已經走到盡頭了。」

「外公，別這麼說，你看起來氣色很好。護士說再過幾天你就能下床走路，離開這裡了。」

他知道這不是真的，但我總不能告訴他情況不樂觀，對吧？

外公在床上不時動來動去。儘管聲音越來越微弱，仍叫喚著他父母的名字。我從沒見過他們，他們在我很小的時候就去世了。

「傑克，他們在這裡，想要我跟他們走。」

我不禁顫抖起來，「外公，不要走，我們還有很多事要一起做啊。你一定要好起來。我會多分擔一點工作，你再也不必這麼辛苦了。」我忍住不哭，眼眶含淚，視線模糊不清。

「傑克，你要明白，我的時間到了，我想走了。人活著本來就是為了迎接這一刻。」他的喘息聲越發急促。「爸媽等等我……我這就來。」他看著我，眼神渙散，彷彿凝望著遠方，又似陷入沉思。

「求你了，外公，別這麼快就走，」我握著他的手，苦苦哀求，「我們還有很多事要一起做啊。」

心跳監測器上的規律波動逐漸減緩。他看著我，即使在生命最後一刻，仍然面帶微笑。「傑克，我們一起走過了一段美好的路，不是嗎？」

「是啊，外公，那是最美好的時光。」我喉頭哽咽，幾乎無法吞嚥。

他輕輕捏了捏我的手。「我們總有一天會再見的，在更高層次的境界。」

心跳監測器響起一聲長音。他的身體放鬆了下來，面容安詳。我緊握著他的手，告訴他，他將永遠活在我心中。透過病房窗戶，我看見醫療團隊匆匆趕來。就在那時，最不可思議的事情發生了。

我握著外公的手，感覺一股強大的能量像電流般沿著手臂竄流。伴隨著一陣劇烈震顫，我的心靈、靈魂，或者用什麼名詞稱呼都行，被強行從身體中抽離出來。有那麼幾秒，我感覺自己漂浮在空中，所有聲音都像是遠處傳來的回音。周遭環境從明亮的病房驟變為漆黑一片，隨後，一陣狂風迎面襲來，如颶風般猛烈。外公握著我的手，與我一同穿梭於黑暗之中。他放聲大笑，叫喚著他的父母，他們也和我們並肩飛行。外公轉頭，歡快地笑著，直到與我四目交接。

「不！」他大喊，瞪大的雙眼中滿是恐懼。「傑克，你怎麼會在這裡？立刻回去，你不能跟我一起走，這裡不是你該來的地方，你的時間還沒到！」他用力揮動手臂，試圖掙脫我的手。

「我不能鬆開你的手！」我哭喊著。

他拚命想甩開我的手，但我牢牢握住。

「一直朝那道光前進。」曾祖父喊道，隨即轉向與曾祖母飛往另一個方向。

我們看起來一定就像是劃破夜空的彗星。前方有一道光芒，在黑暗中僅是微小的亮點。我們疾速飛行，距離亮點越來越近。那道光芒隨著距離縮短而越發璀璨奪目。

外公對我綻放燦爛笑容。「這一定會很精采，我能感覺得到。」

在減速的過程中，我注意到那不是一道光，而是兩道。最後的降落出乎意料地粗暴，先是撞上樹梢和枝葉，然後重重摔落在柔軟的地面上。我們靜靜地躺在蕨類植物叢中，讓自己稍微喘口氣。我鬆開外公的手。

「太奇怪了，」他說，「我原以為會穿過一道光線柔和的隧道，還會聽見唱詩班的歌聲；本以為會有家人迎接我，天使歌唱，引領我晉見全能的主。」

我明白他的意思，我也有過類似的想法，真替他感到失望。

我們起身，拍去身上的塵土。黑暗中，可見樹影在風中搖曳的輪廓，光源來自後方的皎潔月色，我們朝著光源走去。

眼前的景象完全出乎我們意料。那裡，在一片林間空地上，停泊著一輛老舊巴士，引擎仍在運轉，是六十年代末期流行的那種款式。巴士在黑暗中怠速運轉，車頭燈亮著。那就是我們一路追尋的光源。我們本來應該前往引領外公通往天堂的光之隧道，結果卻愚蠢地向巴士的車頭燈飛來。

STOP 2

外公的巴士

每個人心中都有輛巴士，載你走過人生

我們站在這輛老舊巴士的車頭燈前，抬手遮擋那刺眼的亮光。外公撓了撓頭，環顧四周，試圖辨識所在位置。

我既不知自己身在何處，也不知該如何返家，但心情卻莫名感到暢快。周遭景物明亮清晰，高速飛行帶來的朦朧感已然消散。幾分鐘前，外公還咳聲連連、氣喘吁吁，此刻卻神采奕奕，看起來年輕許多，不見半點疲態，工作服整潔筆挺。我踏上巴士，外公則坐上駕駛座。

「這輛巴士是從哪兒來的？」我問道。

「這是我的巴士。」外公微笑著說。

他說這句話時，我流露出困惑的神情。記憶中，他不曾擁有過一輛巴士。

「我一直都有一輛巴士，每個人都有。」他綻放燦爛的笑容，「包括你，傑克。」

我們在夜空中的飛行肯定影響了他的思考能力。

「我們每個人生來就有一輛巴士，載著我們走過人生。」

我不明白他話中的意思。他跟平常很不一樣，不過，我們的處境本來就很離奇。

「用心生活，找到這輛巴士。」

我試著讓自己平靜下來。毫無疑問，我能看到、摸到這輛巴士，也聞得到它的味道，思索著外公所說每個人都有一輛巴士這件事。如果他說的是真的，那為什麼我從未見過自己的那輛？

我向外公提出了疑問。「那是因為你從未專注去尋找。**大多數人都看不見自己的巴士，因為他們沒有可依循的計畫**。你覺得我這輛如何？」

我很喜歡外公的巴士。車身從上到下裝飾成一九六〇年代的復古風格，有花朵、太陽、和平、愛等圖案，還有一些我無法辨識的符號。巴士配備著巨大的排檔桿，儀表板上鑲嵌著盤子大小的錶盤。座位是櫻桃紅色皮革，坐上去滑溜溜的。頂部安裝了網狀行李架，扶手桿上懸掛著供站立乘客抓握的扣環。每隔一排座椅邊緣都嵌有按鈕，方便乘客示意司機停車讓他們下車。毫無疑問，我最喜歡的特色，是安裝在司機座位旁邊支架上的那臺售票機。

「外公，我很喜歡這輛車，它很漂亮。」我轉過頭，赫然發現後方安靜地坐著幾名乘客，其中幾位看起來近乎透明，宛如幽靈。「這些乘客是誰？為什麼會在你的巴士上？」

「你認不出自己的家人和朋友嗎？他們聽說我住院時，都認為我需要幫助，於是為我祈禱，送上祝福。這就是他們會在我巴士上的原因。當他們傳送愛的訊息時，彷彿與我心靈相通。」

我仔細端詳那些乘客，發現確實能認出大多數面孔。

外公調整了一下後視鏡。在他座位旁的掛鉤上懸掛著一頂司機帽，他伸手取下戴上，隨即發動引擎，打檔。

這時，一位身著銀色長裙的女子出現在車門前。外公從駕駛座上起身。「傑克，等一下，我需要一點時間。她可能是我的守護天使。」他嘴角上揚，走下巴士。

我注視著那道閃爍著銀光的身影，只見她伸手握住外公的手，隨後兩人低聲交談。我聽不見他們在說什麼，於是悄悄靠近車門。

「你怎麼帶人來了？」那道身影問道。「你明知這地方只有我們召喚的人才能進來。你孫子時候未到。」

「不是我帶他來的，當時我們的手緊握著分不開。我叫他回去，但他不肯鬆手。」

「他必須回去，他人生的路還很長。」

「那妳說我該怎麼送他回去呢？妳不能揮揮魔杖之類的嗎？」

「先生，這不是魔術表演。我們也不確定該怎麼送他回去，這裡通常只有進來的單程票，這是一個極為罕見的情況。」

「很抱歉，我不是有意……」

「沒關係，我們會設法幫他回去，但可能需要一點時間。在我們研擬方案時，你就帶他到處參觀一下，讓他一窺人生幕後的風景。」

她俯身在外公耳邊低語，我聽不到她在說什麼。她退後時，身上散發著金色光暈。她向外公揮手。

「幫你孫子找到全宇宙最好的座位。」她說。

「妳確定嗎？」外公問她。

她點點頭。

外公上前擁抱她，她隨即化作幾縷光芒，飛入夜空消逝不見。外公往她消失的方向凝視片刻，轉身看見我站在車門口。

「傑克，你聽到她說什麼了嗎？」

「只聽到她不是在耳語的那些話。」一股奇異的感覺在我腹中翻騰，「我只想知道他們要怎麼送我回醫院。」

「別擔心，他們自有安排。」外公說著，重新坐回駕駛座，「在這期間，我們要去兜風。」

「但你根本不知道我們在哪裡！」

「我可沒這麼說。你忘了我有巴士嗎？我要帶你去你這輩子去過最重要的地方。」

「是什麼地方？」

「我們要去找到全宇宙最好的座位。」

「什麼？」

「你聽見了。等我們找到時，你的人生將徹底改變。」

STOP 3

展開旅程

設定目的地，駛向你選擇的人生道路

我們離開了森林，巴士在崎嶇不平的路面上顛簸前行。我心中盤旋著無數疑問：「難道不會有人錯過這輛巴士嗎？我們不該搭乘這輛車，這輛巴士不屬於我們。」

「傑克，我已經告訴過你了，這是我的巴士。」

紅色皮革座椅混合著引擎機油的氣味，讓我想起曾在農場裡駕駛過的那輛老拖拉機。才行駛了兩分鐘，便有一名女性按了下車鈴。外公停下車。她挽著外公的手臂說：「你不會有事的。」語畢便走下車。

這輛巴士給人一種詭異的感覺，如夢似幻，但外公向我保證，這一切都是真的。

「我們現在所在的位置，是生命的邊緣。我們在帷幕的另一邊，存在於不同的波長或振動中。我們再也看不到原來的世界，而他們也看不到我們。我保證情況很快就會明朗起來。」

「但我還是想弄清楚。為什麼是巴士？」

「孩子，因為這樣比較容易理解。巴士載著你從一個地點到另一個地點。從你人生旅程的起點、也就是出生，到終點、也就是死亡。這是專屬於你的旅程。你會看到不同的風景，遇見形形色色的人，有些人會成為你的朋友。在你們人生軌跡交錯的歲月裡，他們會在你的巴士上來去。家人每天都在你的巴士上，而你也在他們的巴士上。親戚或許遷居國外，於是在某個十字路口下車，他們的巴士則朝新的方向駛去。你可能好幾年都見不到他們，然後某一天，他們又回到你的巴士上。這就是生命的運作方式，人們不斷來去，你永遠不知道他們會停留多久。」

「你是說人們可以隨時上下我想像出來的巴士？你是認真的嗎？」

「沒錯，但巴士不是想像出來的，它確實存在。從你出生那天起，身邊的人就不斷在你的巴士上來來去去。」

我聽得一頭霧水。外公的話雖有道理，但我從未見過我的巴士。我詢問他原因。

「當時機成熟時，你的巴士就會出現了。雖然你知道它就在那裡，但還是需要主動尋找。等找到時，你將意識到它帶來的所有可能。你將能夠駕駛你的巴士，掌控方向。你會訂立目標，然後駛向你選擇的人生道路。這樣解釋，你能理解嗎？」

「聽起來很有道理，但要是我找不到自己的巴士呢？」

「傑克，你一定會找到的。沒有巴士或計畫，就不會有方向。」

我知道外公的話中蘊含著某種真理。

外公調了調頭上戴著的司機帽，俯身操作售票機。他清了清喉嚨，用一種上流社會的口吻問道：「先生，請問您要前往何方？」

「去哪都行。」

「孩子，**哪兒都行等於哪兒都不行。如果你想達到目標，方向就得明確。**」

「我不太確定。」

「沒關係，可以慢慢規畫你要去的地方。期間，我們就去尋找那個特別的地方吧。」

他轉動售票機的操縱桿兩下，底部滑出一張淡紫色的紙本車票，上面用粗體字印著：「目的地：全宇宙最好的座位」。

「這就是我們要去的地方嗎？」我問道。

「不是現在，這是我們最終的目的地。我認為應該讓這趟旅程更精采一些，沿途停靠幾個值得紀念的地方。」

「好主意。我打電話跟媽媽說一聲。」我伸手探向後方口袋，這才想起手機仍插在醫院房間充電。「我沒辦法聯繫她。要不要先回醫院一趟？他們會發現我們不見了吧。」

「完全不會，他們忙得很。你可以跟他們說你現在想自己靜一靜，所以四處走走。」

外公把手伸到擋風玻璃上方，打開目的地顯示牌的蓋子，握住操縱桿轉動更改巴士號碼，最後停在十二號。接著他緩緩轉動第二個螢幕，注視著不斷翻動的各個目的地名稱。

我看著最後停下的位置寫著：「邁向美好生活的簡易步驟」。

STOP 4

沿途停靠站

為達成目標，訂定階段性步驟

我們沿路直行，興奮地踏上旅程。沿途景色不斷變換，時而如夢似幻，時而清晰銳利。時間的流動似乎也變得異常快速，於是我不再看錶。前一刻，還行駛在白晝中，轉瞬間卻毫無預警地陷入黑暗。

「外公，你的巴士究竟是從哪來的？」

他開車時滿臉笑容，接著掀起帽子，用袖子擦拭額頭，急轉閃避一棵樹，駛入一條繁忙的公路。「我說過了，我們生來都有一輛巴士，只是大多數人從未找到屬於自己的那輛。」

「你是說像我一樣？我就從沒看過我的。」

「看看這裡有多少輛。」他指著熙來攘往的車道。「你看到的每一輛巴士都代表著一個人。或許你現在看不到你的巴士，但相信我，時機成熟時它就會出現了。」

各式各樣的巴士擠滿了主幹道和支線。現代化的長途客運和鏽跡斑駁的老舊巴士爭道而行，其中不乏破舊不堪的車輛。

「你覺得那會是什麼時候？」我問外公。

「通常是在你做出積極的人生選擇時。當你意識到無論前方有何阻礙，都無法阻止你追求理想時，那會是非常美妙的一刻。那時，你的巴士將準備就緒，載你前往任何你想去的地方，沒有任何限制！」

「真希望我的巴士能早點出現。」

「要知道，你的巴士不是載你到實體地點的交通工具，它比那厲害多了。它載著你經歷人生，能幫助你通過考試、學習樂器，成就任何你想做到的事。你的巴士就在那裡，幫助你達成目標。」

「用巴士來通過考試？聽起來太荒謬了。」

「聽起來或許如此，但通過考試跟任何你想達成的目標，本質上是一樣的。」

「怎麼說？」

「如果把目標視為目的地，就能簡化人生。不妨這樣思考：**你做的每一件事，從開始到結束都有一連串的步驟，每一步都導向下一個步驟，直到任務完成。**」

「聽起來很簡單。」

「本來就是啊。假設你的目標是通過數學考試，就把巴士的目的地顯示牌設定為『通過數學考試』，然後規畫沿途停靠站。」

「沿途停靠站？」

「不然呢？如果你正在駕駛你的人生巴士，還會有什麼其他的可能性嗎？第一站，買數學課本。第二站，上數學課。第三站，用功讀書。第四站，請家教指導。第五站，寫模擬卷複習。最後一站，參加考試。就這麼簡單！只要規畫好停靠站，就能抵達目的地。」

「你把事情說得很簡單，但如果我考不及格呢？那該怎麼辦？」

「問得好。你要麼及格，要麼不及格，這就是人生。如果及格，那最好不過；如果不及格，也不必慌張：**重複必要步驟，直到成功為止**。失敗是成功的一部分，是正常過程。」

「外公，我明白了。你的解釋簡單明瞭。」

「最美好的事物往往最簡單。你做的每件事，不過是一系列巴士停靠站。試著用這種角度看待目標。在前往第一站之前，先規畫好每一段旅程，列出停靠站清單。第一站總是最困難的，因為前進需要動力。傑克，你可以成為太空人、美國總統或百萬富翁。任何你渴望的事物，都在人生中任你選擇，只要遵循追求目標的基本法則。」

「什麼法則？」

「你必須真正渴望。」

「但是……你說我可以成為百萬富翁、太空人或總統，這些聽起來都太遙不可及了。」

外公長嘆一口氣。「世上有那麼多百萬富翁，其實這並不是什麼偉大的成就。」

「我以為致富是許多人主要追求的目標。」

「的確是，但很多富豪都有一份固定工作，雖然他們並不需要。」

「那為什麼他們還要工作呢？」

「因為光是有錢並無法帶來滿足感。勞動、創造自己熱愛的事物，才能帶來真正的喜悅。傑克，千萬不要忘記你的夢想。」

「那麼成為太空人或總統呢？」

「你認為我們的總統在你這年紀時，有想過自己會入主白宮嗎？阿姆斯壯年少時就打算在月球上漫步嗎？我想應該沒有吧。他們都出身平凡，卻登上了社會顛峰。你有什麼理由不能呢？你和他們有什麼不同？」

「或許我從不覺得那是可能的吧。」

「傑克，這就是問題所在了。一般人常覺得自己不夠好，為自己設限。別退縮，決定你的目標，然後設定停靠站，絕對不要忘記你的夢想。」

外公說得沒錯。巴士在公路上嘎嘎作響地向前行駛，我嘗試用外公的方法，看看如果我決定當太空人，能想出什麼快速計畫。

我會這樣設定沿途停靠站：

・目的地：成為太空人。
・第一站：到美國太空總署查詢所需資格。
・第二站：研讀必要科目並參加考試。
・第三站：申請太空人計畫。
・第四站：持續嘗試直到成功。

在腦海中勾勒出這些巴士站，似乎讓規畫這件事變簡單了。我明白為何要將巴士站想像成通往目的地的步驟。

我試著用同樣的方法規畫總統路線，雖然這絕非我想從事的工作。

- 目的地：成為總統。
- 第一站：加入理念相符的政黨。
- 第二站：致力服務社區。
- 第三站：成為地方選舉候選人。
- 第四站：爭取晉升為區域候選人。
- 第五站：競選總統。

這是個過度簡化的方法，但也讓我看出邁出第一步有多麼重要。列出其他停靠站讓我有了清晰的願景。我逐漸掌握這套方法，相信運用巴士停靠站策略，能幫助我規畫出更好的目標。

外公清了清喉嚨。「你也許永遠不會成為總統或太空人，但我保證，如果你不規畫目的地就朝著它駛去，哪裡也去不了。當你朝著正確的方向前進，可能性就會提高。如果想達成某件事，就設定目的地、目標，規畫每個停靠站，然後採取行動。」

「外公，真希望我能看見我的巴士，我想開開看。」

外公笑了起來。「傑克，耐心點，我還沒告訴你，你的巴士也可能帶你朝著和目標相反的方向前進。」

我倒是沒料到這點。「如果已經設定了停靠站，怎麼還會這樣？」

「同時設定太多目的地就會這樣。太多停靠站，太多相互重疊的干擾會浪費你的時間，讓你忘了自己本來要去哪裡。專注完成一件事，再進行下一件。」

外公說得對。我在農場有太多未完成的工作，其中大多只做了一半，有時實在很難決定該做什麼。回家後，必須好好處理這個問題。

「傑克，如果你只付出一半的心力準備數學考試，你覺得會得到什麼結果？」

「大概只能拿到一半的分數吧。」

「答對了。如果你不按照明確步驟前往目的地，就得不到想要的結果。專注是關鍵要素。大多數人都有潛力，但不是每個人都能成功。知道何時該尋求幫助來完成任務也很重要。實現目標不是一件大事，良好的規畫和許多小步驟才是。」

「小步驟？」

「沒錯。**一個接一個簡單、微小的步驟，就能帶你到任何想去的地方**。如果你能每天抽出一小時來推動目標，就能完成許多事。每天只需要一小時。善用每分每秒，別浪費時間。坐在你的巴士前排，盡可能活出精采的人生。」

我感到心潮澎湃，迫不及待想要駕駛自己的巴士，開始前進。

外公伸手將目的地顯示牌改為：「人生路標」。

STOP 5

人生路標

別被太多的目標迷惑，妨礙了決定

我們駕著巴士穿過黑夜，朝著遠方地平線上的亮光前進。外公信誓旦旦地說，我一定能學到一些難以置信的人生道理。不得不說，即使是我這個年紀，也難以抑制內心的悸動。

車頭燈劃破黑暗，照亮了吞噬前方道路的夜幕。路邊矗立著一個龐然大物。外公停下車，車燈照亮了那高聳的建築。乍看之下，以為是株紅杉巨木，那種《國家地理雜誌》經常刊登、汽車能從中穿過的大樹。我們下車查看，一座高聳入雲的巨型路標矗立眼前，無數指示牌分別指向各個方向。旁邊立著一根小柱子，上方掛著一塊牌子，寫著「人生路標」。

「傑克，這不就是終極路標嗎？」外公說，「它完美詮釋了人生的迷惘。」

「怎麼說？」

「這個路標反映了許多人的內心世界，展現了他們的思考方式。他們腦中一團混亂：太多的目的地反而造成困惑，妨礙他們做決定。至少我們有車票，也規畫了下一個目的地。許多人面臨過多選擇而迷失在混沌之中。他們需要簡化自己的生活。」

「或許是因為他們壓力太大了。」

「沒錯，但如果他們能簡化目標，生活會更輕鬆。列一張基本清單，按重要性排列，再逐一完成。這樣能減少困惑，也能做到更多事。」

他抬頭看向路標。「我來教你怎麼做。孩子，先選六個重要的路標，對你有意義的那幾項，然後把它們放在這根小柱子上。」

我看著那些路標。外公說得沒錯，數量實在太多了，箭頭指向各個方向，上面寫著：媽媽的決定、老師的選擇、親戚的建議、自己的選擇。有些路標上寫著對我來說最重要的地方：我家、那棵大樹、農業展、城鎮、都市。我挑選了幾個路標，由上往下排列。

・去夜校進修。

・學習駕駛收割機。
・成為農場經理。
・環遊世界。
・結婚。
・建造夢想中的住家。

外公拍手道好。「做得好，是不是感覺好多了？跟那座雜亂的路標相比，你的路標清楚多了。這才是正確的作法。數量可根據需求增加或減少，不過路標越少越好，這樣比較不容易造成混亂。每完成一項目標，就移除那個路標，然後加上新的。就這麼簡單。」

我很滿意自己的選擇，彷彿完成了什麼人生計畫似的。

「你看，挑出這些路標之後，是不是清楚多了？」外公接著說道：「而規畫這件事只花了幾分鐘。每挑選一個路標，就問自己：『這真的是我想要的嗎？』如果跟你的直覺有所牴觸，那就是錯誤的決定。」

「要怎麼知道自己做的決定是不是跟直覺牴觸呢？」

「如果你會感到不快樂，便是和直覺牴觸，為了取悅他人而活就是在欺騙

自己。人生是一場精采的冒險，是最珍貴的禮物。不要虛度光陰，每一刻的體驗都應該純粹無瑕，只有你才能主宰自己的人生。」

外公的解釋令我豁然開朗。我繞著路標踱步後停了下來。地上躺著一塊路標，上面印著「自己做決定」。

「我要把這個路標帶走。」

外公笑了。走回巴士的路上，他輕拍我的背。站在階梯上，我望向遠方：「外公，接下來要去哪裡呢？」

「往前啊，孩子，永遠向前走，這樣才能享受生命的美好。」

「那我們去找全宇宙最好的座位吧。」

「傑克，別急。記得，要一步一步來。我們先去參觀幾個有趣的地方，你會喜歡下一站的。」

「我們要去哪裡？」

「去一個能幫助你理解成功和失敗的地方。」

我漸漸掌握了設定目的地的技巧。這件事很簡單，我卻從未在生活中真正實踐過。我看著外公再次將目的地顯示牌設定在：「希望谷」。

STOP 6

希望谷

在成功與失敗之間，重整旗鼓

一個多小時的車程中，外公駕車穿越風光旖旎的鄉間，沿途各類植物交織成的綠籬環繞，路邊的野花爭豔，繽紛色彩如潑墨般揮灑在草地間。遠處，海浪拍擊著深色礁石，濺起層層浪花，復而墜落岸邊。海岸線蜿蜒綿長，懸崖峭壁直聳入雲，向內陸延展，化為連綿起伏的山巒，隱約可見牛群在高處草原上悠然覓食。群山連綿數里，白雪覆蓋的山峰在陽光的照耀下泛著粉白光芒，飄過的雲朵在山坡上投下倏忽即逝的陰影。這般景致令人心生敬畏。

「外公，你期待在希望谷看見什麼？」

「各式各樣的事物。這裡比任何地方都更能改變人生。這裡是夢想綻放之地，是世上所有敢於追夢的人播撒熱情的沃土。每一個渴望、每一個希望、每一個夢想，都從這裡萌芽。這裡是非常不可思議的地方。」

外公離開公路，轉入崎嶇的鄉間小徑。車身劇烈搖晃，乘客們被甩得東倒西歪，只得緊抓住扶手。山間吹來的寒風中，夾雜著波濤撞擊礁石的轟鳴聲。希望谷就坐落在兩處險峻的地勢之間。陽光穿透雲層縫隙灑落下來，照亮了整個山谷。

巴士顛簸著走完最後幾百公尺，在一處營地遺跡旁停下。外公拉起手煞車，邀請大家下車活動筋骨。乘客們拖著沉重的步伐離開巴士，旋即停下腳步，眼前壯麗的景色令他們心生敬畏。

我踏上草地，深深吸入一口清新的山林氣息。這地方散發著一股強大的正能量，令我頭暈目眩。迎面而來是拂面而過的海風，眼前則是醉人的美景。這座山谷宛如仙境，溪流縱橫交錯，樹木蔥鬱茂密，陽光透過鑲著銀邊的雲層，光芒四射，灑落大地。

右側群山巍峨，在矢車菊般湛藍的天際勾勒出鮮明輪廓。蒼翠的森林緊攀著陡峭的山坡。山腳下，翠綠的草原迎風搖曳，還有成群的牛羊悠然踱步，尋覓未經踐踏的新鮮青草。

「傑克，你感受到這裡的能量了嗎？」

我確實感受到了，渾身充滿活力，彷彿有電流在血管中奔騰。這是前所未有的體驗，想必日後也難再有，這股正能量異常強烈。

「我感覺好極了。」

外公點頭表示認同。「這便是正能量的力量，好好把握這難得的機會。你現在處於一種極度愉悅的狀態，因為這座山谷充滿正能量，但那些稜角分明的岩石卻帶來一絲黑暗。」

「黑暗？怎麼說？」

「這裡是希望與夢想之地。人們嘗試新事物時，常會遭遇失敗，這些破碎的夢想就墜落在這裡，撞擊在那些岩石上。」

我們沿著岸邊小徑漫步，走向綿延至遠方的岩石群。四周散落著數不勝數的物品。我問外公這裡怎麼會有這麼多垃圾。

「這不是垃圾。這些是人們的計畫，是他們努力的心血和破碎的夢想。所有那些懷抱希望起步，卻因種種原因未能完成的構想，都在這裡。」

我們穿梭於這些物品之間，不時停下腳步，端詳那些散落在岩石上的種種。眼前的景象令人鼻酸。我細察這些物品，發現數以千萬計的歌曲、未完成的小說、詩篇和信件，墨跡斑駁，字跡模糊。各種發明被摔落在岩石上，被遺棄在這裡，支離破碎。我拾起一本書，讀了其中一首詩。那是一位戀人痛徹心腑的剖白，詩句淒美動人。有人在詩句上畫滿了紅線，底下打了個叉，批注：必須更加努力。我頓感噁心，這些殘酷的字句令我胃部翻騰。一股沉重、陰鬱的負面情緒籠罩著我，讓人窒息。

「外公，我想離開這裡。我無法承受這些被拒絕的事物。」

我們艱難地在石堆中穿梭，再次駐足審視那些失敗的夢想。寫在附帶信件上的痛苦清晰可見。我強忍著淚水，為眼前每一個失敗者心痛。評判這些作品的人是否知道，他們的評語如何改變了這些創作者的一生？

一記震耳欲聾的雷聲將我拉回現實。成千上萬的物品如雨般墜落，有些直接砸在我們身上。

「這是怎麼回事？」我驚呼道。

外公放下手中正在閱讀的信件和其他物品，仰望天空，舉起雙手。「傑克，這些是更多的失敗啊，從來沒有停止過！每分每秒都有夢想破滅，而命運將它們帶來這裡。」

「我不明白。在我看來，這裡很多東西都已經相當出色了。」

「確實很多都不錯，但並非全部。有些被評判為失敗品，有些則被創作者自己拋棄。所以它們才會墜落在這裡：破碎，未完成。那曾在每位創作者心中燃起的火苗，如今已然熄滅。遭遇失敗時，別太苦惱。我們一生中，失敗遠多於成功。每獲得一次成功，往往需要經歷數次失敗。看看你前面，在這些岩石當中，也散落著歷代最絕頂聰明者的失敗作品，數量或許是常人的數倍之多。」

看見這麼多夢想在岩石上摔得粉碎，實在令人沮喪。情書、發明、未完成的藝術品，盡數遭到損毀。有些物品燃燒起來，有些則摔得粉碎，上面用紅墨水大筆畫過：不合格、不通過、退回。這些無情的字眼轉瞬間就烙印在這些作品上。這些殘酷至極的評判，恐將一生重壓在創作者心中。

我感到反胃，只想逃離這個地方。

「傑克，要認清這個地方的本質。這片山谷是人們最痛苦的學習中心，它既能摧毀想法，也有助於創造想法。這些岩石能讓人從平庸蛻變為卓越。」

「外公，我不懂你怎麼會這樣說。這些信你讀過了嗎？」

「讀了幾封，也能體會創作者的心情。每個人都有無法實現的希望或夢想。如果你在這些石堆中尋找，也會發現我破碎的夢想。愛迪生第一次嘗試製造燈泡的失敗品，就在這些岩石中。賈伯斯的第一部電腦也在這裡，還有許多頂尖科學家的發明和藝術家的處女作。你可以在這些石堆中學到慘痛的教訓，了解哪些作法是錯的。**審視自己的作品，找出需要調整的地方，然後再次嘗試。每一次的失敗都激發了一段學習改進的新歷程。**」

我們離開岩石堆，朝山谷走去。我的陰鬱情緒逐漸消散，心情也慢慢平復。我站在那裡，深深吸氣，在紛亂中尋得片刻寧靜。靠近山腳時，旋繞的風捲起落葉，在我們周圍輕舞飛揚。風中傳來陣陣呼喊聲，像是歡呼的人群。這是個奇特的地方，令人感到莫名的舒適。越是靠近山丘，我的心情就越發愉悅。

物品再度紛紛落下，散落在我們四周，但這次看起來完好如初，在山坡上鋪成一片翠綠肥沃的新土。眼前所見的每樣物品都被打上一個大大的勾號：接受、合格、通過。這些充滿希望的字眼遍布在青翠的山坡上。

我打開一些裝滿成功故事的信封：購買第一棟房子、喜得貴子、考試及格、發明獲准、收到錄取通知、成功考取駕照。成千上萬實現的成就和夢想，不斷堆疊在這片山脈間。

「傑克，那些在岩石上破碎的想法是生活中再平常不過的事。」外公娓娓道來，「只要態度正確，這些夢想就能蛻變為成功。那些構想在岩石上粉碎的人，將在希望谷這個介於成功與失敗之間的地方重拾慰藉。希望谷是個安全的避風港，無論成功或失敗，我們都必須回到這裡。在這裡，我們能重新找到方向。在山谷中，創作者可重整旗鼓，分析哪些做對了、哪些做錯了。這是他們重新規畫和再次嘗試的機會，每一次都能做出一些改變。」

「要是他們做不到呢？要是失敗帶來的打擊太大了呢？」

「他們或許會在岩石上摔落不只一次，但每一次都能學到新的事物，幫助他們往成功更近一步。這正是希望谷在我們每個人生命中如此重要的原因，因為這裡充滿正能量。希望是一種正能量，給予我們前進的動力。任何人都能重新聚焦，再次嘗試。這些成功之山正是對堅持者最好的回報。」

「外公，我明白了。**理解失敗就是邁向成功的一步。體認到這一點，就更願意選擇再次嘗試，而不是放棄。**」

「說得對極了。愛迪生在製造出可使用的燈泡前，曾創造了上千個版本。他不認為那是失敗，他說那是一項需要一千個步驟才能臻於完美的發明。距離成功只差最後一步。所幸燈泡最後成為了全人類共享的知識，造福萬民。愛迪生在那些石堆之間停留了很長一段時間。他當時的感受可想而知，但他並未讓失敗主宰自己的人生。他回到了山谷，回到他的核心，重新整頓，重新思考自己的發明，並嘗試新的想法。直到有一天，他終於登上了那座山峰。」

「我想我現在更能理解失敗，也感覺更積極了。」

「傑克，這樣很好。如果能實現夢想，就去追尋吧。記得，夢想不是年輕人的專利。年齡從來不是限制。只要還活著，就能做夢，但必須採取行動。」

「什麼樣的行動？」

「任何能讓夢想前進一步的行動。大多數人只是空想，卻未付諸實踐。如果你有夢想，就該坐上你的巴士，規畫每一站，然後駛向目的地。光是躺在沙發上空想是不夠的，那些岩石上的許多夢想就是這樣來的。那些人要麼行動太少，要麼根本不行動，又放棄得太早了。」

「外公，我有好多想做的事。」

「傑克，這是好事。把你的想法寫成行動計畫，完成一項就打勾，再添加新的。」

「好。我要朝那些山峰邁進。」

我們凝望著成功之山。隨著更多物品從天而降，山勢也因為這些成功的累積而越發巍峨壯麗。

「這些山能高到什麼程度？」

「沒有極限呢，孩子。只要有一個好的計畫，並且付諸執行，每個人都能成就大事。」

「很高興我們來到希望谷這裡。」

「我也是，這真是個啟迪人心的地方。好了，我們該走了。如果你覺得這裡令人難以置信，那麼我得帶你去看一個跟你見過的完全不同的圓環，那才真正叫人大開眼界呢。」

我們離開山谷，心中充滿希望。我們見證了一個特別的地方，在這裡，絕望與快樂並存。現在我明白了，為了進步和實現目標，這兩者都是任何創造過程中不可或缺的部分，必須同時存在。

我望向外公設定的目的地：「最大的圓環」。

STOP 7

最大的圓環

別在安逸的舒適圈打轉，阻礙了前進的道路

我悠閒地坐著，看著外公駕駛巴士穿梭於擁擠的車流中。二十分鐘後，四周的巴士慢慢停了下來，一片煞車燈海蜿蜒至天際。巴士以極其緩慢的速度前進，然後轉入匝道離開公路，穿行於車陣之中，再攀上一座陡峭山坡。抵達山頂時，圓環便映入了眼簾。各方道路皆匯集於此。外公的巴士徐徐前進，最後融入更多車道的川流之中。

「怎麼會有這麼多人來這裡？」

「因為他們做不了決定，致使生活在原地打轉。許多來到這裡的人再也沒離開過，他們在這裡找到一種奇怪的慰藉。」

「他們怎麼會想待在圓環？應該有機會離開才對啊。」

「確實有，但要離開很難，因為他們必須真心想離開才行。他們以為只要自己還在前進，就是一種積極的表現，但事實上他們只是在原地徘徊，哪裡都去不了。除非他們選定一個目的地，哪怕是一個錯誤的決定，不然就無法離開這裡。」

「但做出錯誤的決定聽起來不太明智。」

「確實如此，但不明智的決定也是一種決定。即使是錯誤的選擇，也能帶你到新的地方。在希望谷，錯誤的決定會摔落在岩石上。你要從中學習，然後再次嘗試。」

「如果他們做出正確的決定，不是更有意義嗎？」

「沒錯，但他們必須先做出選擇。無論對錯，朝任何方向前進都比在原地踏步要好得多。」

「那他們為什麼要來這裡？」

「因為各種各樣的原因。他們感到無力、迷惘、不知道下一步該怎麼走。其中一些不幸的人可能終其一生都留在這裡，而另一些人則會抵達一個轉折點，一個認識自我的瞬間，領悟到自己走的這條路哪兒也到不了，明白了人生不該只是虛度光陰，於是開始著手規畫。一旦有了計畫，就已經是在離開圓環，邁向更光明的未來。」

「我想我絕不會有滯留圓環的一天。」

「傑克，不要這麼篤定。即使是我們當中最堅毅的人，也可能會來到這裡。只要幾件不順心的事，就足以令人難以招架。在壓力下很難做出理智的決定，於是他們聽天由命，寧願待在舒適的圓環。對他們來說，這似乎是個簡單的選擇，但實則不然。這地方有著令人沉淪的力量。他們得到支持，無須獨立思考。這種生活方式給他們一種虛假的安全感，一旦被吸引進來，雄心壯志和做決定的能力就會被磨滅，變得更加脆弱，失去離開的欲望。他們知道這裡不是最理想的地方，但他們習慣了，學會了如何在這裡生活。一旦失去做決定的能力，停滯不前，漫無目的反而成了更容易的選擇。」

「外公，這對任何人來說都不是好的人生。」

「確實。這就是為什麼我說你必須不斷前進，選擇一個方向，即使是錯的也好。只需要一個積極的決定，就能讓任何人離開圓環，重返探索之路。一旦重新啟程，就能找到新的方向。」

「我明白了。我們去圓環那裡看看究竟是什麼樣子吧！」

「傑克，不行。你為什麼想去？我們需要避開那個地方。我會沿著邊緣行駛，在下一個出口離開。」

「避開？別這樣，外公，你不是說這是全世界最大的圓環嗎？至少繞一圈吧，不去太可惜了。」

外公眉間浮現皺紋。「傑克，這地方的能量很強，具有催眠效果，會試圖把我們吸進去。」

我皺起眉頭。「這個圓環究竟有多大？」

「上次聽說它有數百條車道那麼寬，綿延數公里，而且還在不斷擴大。」

「哇，真的很大。你說過這個圓環無法控制那些有決斷力的人，我們就是那種人。」

「我知道我們是，但如果那些困在圓環的人想說服我們留下來呢？」

「他們為什麼要這麼做？」

「因為他們想說服所有人留下來！」外公搖搖頭。「他們想讓你失去對生活的意志和熱情，拉著你一同坐下，討論這個世界的種種不公。如果能說服他人這樣的生活方式是最好的，他們就會感到慰藉。他們勸說那些可憐人不要把生命浪費在朝九晚五的工作上。他們就像漩渦，把其他人也捲入那虛度的生活中。」

「為什麼他們不做出更明智的選擇，離開圓環呢？他們又不是非得聽那些負面的話或留在這裡啊。」

「這正是我想說的。」外公閉上眼睛片刻，揉了揉鼻子。「他們本可以離開，但他們做不到。他們活在被救贖的希望中，單憑希望遠遠不夠，也永遠無法帶領他們離開圓環。不幸的是，他們許多人之所以在這裡，不是因為想在這裡，而是因為時運不濟，或不知如何規畫人生。**只有行動計畫才能引領他們走向更好的未來**。可惜沒有人教導他們如何擬定計畫。」

「我們去繞一圈吧，一定很刺激。」

「傑克，我覺得還是別去了。多年前我曾來過一趟，」外公說，「當時待了好幾個月才脫身。」

「外公，就一圈，不會有事的。」

外公將巴士緩緩駛入圓環。圓環裡擠滿了巴士，一輛緊挨著一輛。我們駛入車陣中，跟在一輛鏽跡斑斑的老舊巴士後面。另一輛巴士緊貼著我們，幾乎快擦撞了。

「外公，小心，他要撞上我們了。」

「我看到了，他很不會操控方向盤。」

外公急轉方向，駛入更靠近圓環中心的車道。四周都是巴士，其中許多輛破舊不堪。

「這景象看了真令人難過，」外公嘆道，「這些司機看來已經放棄自我，只在乎吃飯和睡覺，失去了抱負，也沒有人生目標。」

一輛巴士與我們並肩而行，車上的司機靠在窗上。

「外公，你看，他睡著了，可是巴士還在前進。」

「他們很多人都這樣，在催眠狀態中過著夢遊般的日子。」

「按喇叭叫醒他吧，要是不這麼做，他會撞上我們的。」

「也許吧，不過就算他不撞我們，我猜也會有別人撞上來。他們需要覺醒，但一聲喇叭是叫不醒他們的。」

「那什麼才叫得醒他們？」

「他們需要援手。家人、朋友、諮商師坐在旁邊引導他們。一個能激勵或詢問他們要去哪裡的人，一個能幫他們離開這個圓環的人。」

每行駛數百公尺，我們的巴士便駛入另一條更靠近圓環中心的車道。看著眼前這近乎靜止的景象，我感到睡意漸濃。

「我喜歡這裡。」我坦承道，「一切節奏緩慢，我們是車流中的一輛巴士，感覺格外舒適。我們就留在這裡，再繞一圈吧。」

「你快被吸進去了。出口匝道就在幾百公尺外，下定決心離開吧。要是不這麼做，你可能會被困在這裡。」

「外公，拜託，再繞一圈就好。」

外公妥協了，跟著其他巴士繼續前進，也更靠近圓環中心。「傑克，我感覺快控制不住了。」

我明白外公的意思。我只想閉上眼睛，放任自己隨波逐流。大多數巴士都無人駕駛，許多司機呆坐著，對巴士開往哪個方向毫不關心。有些人甚至連頭都不抬，雙眼直盯著電視或平板，觀看任何能讓他們逃避現實、不去注意前方道路的事物。

「外公，這些巴士無人駕駛。他們都沉迷於網路或追劇。」

「我早就預料到這種情況。他們被吸入虛無之地。許多人讓自己分心，做什麼都無所謂，就是不願面對現實。對他們來說，忘記自己、伴侶或孩子，這樣的日子比較輕鬆。他們寧願逃避現實，也不願意和家人、朋友談話聊天，或一起從事活動。」

「你真的認為他們是這樣嗎？」

「我認為是。還有一件事，你注意到這個圓環，每行駛一公里就會多出新的車道嗎？決定離開的人寥寥無幾，但加入的人數卻在不斷增長。」

我望向各條車道，看見有幾輛巴士從出口離開，對此感到欣慰。然而，有更多巴士從匝道湧入，圓環因新加入的巴士而不斷擴大。中央島上的車流已經完全停滯，一動不動。

「外公，中心那裡發生了什麼事？」

「都是拋錨的巴士。你看那些車輛。輪子不見了，引擎蓋掀開，車輛之間還懸掛著吊床。這些司機已經徹底放棄了，他們不再移動，只想等別人來照顧。」

「我們不能幫助他們嗎？」

「可以試試。」外公說道。他探出窗外，向坐在中心的人群揮手。「你們需要幫忙嗎？」

大多數人對我們視若無睹，僅有少數人笑著回應。一名男子喊道：「幫什麼忙？沒有你們我們也過得很好，別來煩我們！」

我走下階梯，推開車門。「跟我們走，我們帶你們離開這裡。」

「走開，」一名女子冷聲道，「別打擾我們。」

一名斜臥躺椅的男子朝我們吆喝：「停下巴士，加入我們吧！別再匆忙趕路了，你們想待多久都行，我們過得很愜意。」

外公看著我。「這就是無方向、無抱負對人的影響。他們不願跟隨任何人，也不願嘗試任何事物，因此失去了生命中的一切。」

「他們為什麼不接受我們的幫助，改善生活呢？我們可以幫助他們離開這裡啊。」

「這麼做毫無意義。他們安於現狀。如果跟我們走，他們就必須做出許多艱難的決定。或許他們還沒準備好邁出這一步。傑克，我們必須離開這裡了，免得被吸進去，永遠困在這裡。我得穿過車流，回到外圍，但這裡太擠了，沒有空間可以轉向。這裡的巴士貼得太近，根本過不去。」

「外公，我能幫什麼忙嗎？」

「做個決定，一個積極的決定。」

「我決定要去全宇宙最好的座位，現在就去！」

話音剛落，旁邊車道的車流便緩緩散開。外公慢慢移動，離開圓環中心。我們現在超越了那些緩慢行駛的巴士。我一再重申自己的決定，直至抵達外圍車道。幾名司機試著攔阻我們，卻徒勞無功。

其中一位朝我們喊道：「你們在急什麼？要去哪裡？」

外公打開車窗應道：「我們要去某個地方，你知道這件事就夠了。」

那人聳聳肩。「某個地方？誰想去那裡啊？」

「總比哪都不去強。」外公回答。他將巴士緩緩駛入最外圈，幾乎沒有巴士離開圓環。外公看見出口，隨即轉向，駛上一條主幹道。

「外公，我剛才變懶散了，差點就留下來和那些人一樣窩在那些吊床裡，蓋著毯子。」

「孩子，那是個容易墜入的陷阱，所以訂定計畫才如此重要。」

「他們為什麼不能像我們剛才那樣，做出決定呢？」

「因為他們生活在恐懼中。」

「恐懼什麼？」

「一些簡單的事。掌握主導權、養家餬口、遭人嘲弄之類的。」

「這些事應該沒那麼困難吧？」

「沒錯，但恐懼本來就沒什麼道理，只會讓大多數情況看起來比實際情況更糟糕。」

「我不明白他們究竟在害怕什麼。」

「他們害怕失敗，害怕在眾人面前出醜，害怕自己，害怕未知。冒牌者症候群和缺乏自信是他們最大的問題。這源於童年時期接收到的錯誤訊息。」

「我不懂。他們聽到了什麼話，讓他們長大之後還這麼害怕？」

「從小就不斷有人說他們成不了大器。這些話摧毀了他們的自信，讓他們相信自己永遠無法融入，永遠不夠好。他們漸漸相信了這些話。面試求職時，這些話一直縈繞在他們心頭。他們開始變得恐懼，失去信心，開始逃避求職。這變成了一種自證預言。如果找不到工作，他們就會相信那些說他們不夠好的人是對的。他們說服自己確實不夠好。他們看似局外人，而這些錯誤的信念最終成為了現實。」

「外公，我們能回去幫助他們嗎？」

「傑克，我們不能。時間所剩不多，我必須送你回去。這件事就交給他們的親人或專業人士吧，那些在社區中致力於幫助這些可憐人重拾尊嚴的照顧者。這種狀況不是一朝一夕就能解決的，需要不少時間和心力幫助他人重返有意義的生活：相信他們，稱讚他們，幫助他們重拾信心。」

這個圓環縈繞我心，揮之不去。我無法理解為什麼有這麼多人甘願困在原地，碌碌終生。這一切令人感傷，我嘆了口氣。「外公，接下來要去哪裡？」

「我要讓你看看其他人如何影響你，以及如何堅守自己的選擇。」

「聽起來很不錯，我們走吧。」

外公設定了新的目的地：「忠於自己」。

STOP 8

忠於自己

不被他人的夢想左右，忠於自己的理想

我們很享受這趟冒險，宛如偷得一輛巴士後奔逃的感覺。我和外公向來親近，但這次卻別具意義，我不希望這趟旅程結束。

一位女士站在路邊，揮手攔車，外公停車讓她上來。她說只耽擱片刻，請他不要開走，說著遞給我一張色彩繽紛的傳單，問我是怎麼來這裡的。我告訴她我們的抵達情況。

她點點頭，眼中閃過一絲異樣的神色。「回到帷幕的另一邊吧。」她柔聲道，下車時跟我們揮手道別。

「她想做什麼？」外公問道。

我看了看她留下的傳單。「上面寫著『忠誠為要』，我想這是件好事吧。」

「孩子，這確實是好事。但問題在於，該對誰忠誠呢？社會要求我們對妻子忠誠、對伴侶忠誠、對家人忠誠、對社區忠誠，但我覺得事情沒那麼簡單。」

「真的嗎？這不是很容易做到的事嗎？」

「是嗎？要活得讓別人滿意，需要付出多大的心力和自我克制啊。」

「但如果能讓別人快樂，這些付出就值得了，不是嗎？」

「或許吧。我擔心的是，若一味尋求他人滿意，恐怕就無法忠於自己了。應該先忠於自己，然後才考慮他人。」

「難道不能忠於每個人嗎？」

「不行。傑克，這是不可能的。人們對生活有太多要求和見解，有些你根本無法認同。可以尊重他人觀點，但別虛耗生命去取悅他們。」

「那你認為這張傳單該寫什麼？」

「我寧願它寫的是：『**忠於自己，忠於生命，忠於信念，有餘力時再忠於他人**』。」

「這不是一樣的意思嗎？」

「不一樣。忠於自己能讓你追隨內心和夢想，做不到這點，就辜負了生命賜予你的禮物。試圖取悅他人，包括家人在內，可能會束縛你，讓你陷入兩難。你相信的事，他們未必認同。」

「怎麼說？」

「傑克，每個人內心的思緒基本上都是一段獨行的旅程。每個人決定自己的喜好、在這個世界上成為什麼樣的人。當你試圖取悅他人，他們可能更希望你做些不同的事，甚至想說服你按照他們的方式做事。」

外公說的話很有道理。我知道自己常做些取悅他人的事，卻未必真的想這麼做。

「孩子，這是你的人生，只有你能過。這是你的世界，多跟善良的人為伍，設定真正的目標。但最重要的是，一定要忠於自己的使命和夢想。如果到了生命的盡頭，你知道自己追逐的每個理想都實現了，那便是完成了使命。做出明智的抉擇，並且堅持下去。」

「只忠於自己，這樣不會太自私嗎？」

「一點也不會。我不是說不要幫助別人，而是建議你在符合自己人生的前提下與他人合作。不要被他人的夢想左右，要忠於自己的理想。如果你總是聽從他人的建議來決定什麼對自己好，就是在委屈自己，走在不屬於自己的路上。按照別人的規則生活，毀了太多人的人生。一旦讓別人來支配你，你就失去了主導權，無法過自己想要的生活。」
「外公，這就是我想要的，活出自己的人生。」
「太好了。如果每個人都能停下來想一想，並承諾忠於自我，這世界會快樂許多。為了取悅他人而妥協，誰都不會滿意。這麼做會在內心製造衝突，一旦產生衝突，就會有不快樂的情緒。這種不快樂會因為沒做到自己真正想做的事而轉為怨懟，這就表示你沒有忠於自己。」
「我還是覺得有些人會認為這樣很自私……」
「或許有些人會這麼想，但事實並非如此。如果做的是自己真正想做的事，你會很快樂。如果你很快樂，身邊的人就會受到你的正能量感染，也變得快樂起來。如果你過得不開心，那就是為了迎合他人而妥協了。你會被推來推去，無所適從，無法專注於對自己有益的事情，因為妥協讓你不快樂。」
「我明白了。」
「當你用自己想要的方式生活，心就會安定下來。那些你試圖取悅的人，會因為想要掌控你而激起你的憤怒。這就回到我之前說的，要駕馭自己的巴士。如果控制權在你手中，就能做更多事。如果能思緒清晰地做更多事，就能幫助更多人，而且是按照你自己的方式，不是別人的。重要的是，要先忠於你自己，其次才是讓人覺得你很可靠。」
「我懂了。你這樣說我清楚多了。」
「傑克，我們繼續前進吧，還有很長的路要走呢。」
「外公，接下來要去哪裡呢？」
「我們要看看你是如何受到他人的影響。」
我看著目的地顯示牌上的文字：「影響圈」。

STOP 9

影響圈
以開放、信任、好奇的態度，檢視並質疑一切

巴士穿行在古老村落的窄巷中，兩側盡是都鐸風格的建築，白色牆面和深色木梁勾勒出奇特的圖案。我記得曾在一部關於英國的紀錄片見過這種建築風格。

外公的巴士在蜿蜒曲折的小路上顛簸行進。每駛過一個彎道，傳動裝置便發出嘎吱嘎吱的聲響；每踩一下油門，車尾便冒出縷縷白煙。

「孩子，走訪這些傳統村落的情況就是這樣，你永遠不知道會在這種地方看見什麼。」

「我知道，這裡充滿極端的對比。村裡的建築古色古香，感覺就像回到過去。」

「如果你覺得這已經很令人讚嘆了，等著瞧吧！當你找到全宇宙最好的座位，那才是真正畢生難忘的經歷。」

「外公，它看起來是什麼樣子？」

外公沒有回答。他正在專心駕駛，拐過一個又一個急彎。沉默許久後，他才又開口說道：「傑克，你沒認真聽我說話，又在做白日夢了。你必須保持警覺。」

「外公，我沒有，我只是在想像我們抵達時會看見什麼景象。」

「別浪費時間想像，等到了那裡就知道了。」

他說得對。在這個奇異的世界裡，想像任何事物的模樣都毫無意義。

「孩子，抱歉，我正在試圖影響你，建議你去找全宇宙最好的座位，但我不該這麼做。這樣一來，我和那些打從出生以來就不斷灌輸你想法的影響圈也沒什麼兩樣。」

「什麼圈？」

「影響圈。你知道我指的是誰：朋友、家人、老師，確切地說，幾乎是你接觸過的每個人，或試圖干預你人生的人。」

「外公，我活出的是我自己的人生。除了爸媽，沒人告訴我要做什麼，當然，偶爾還有你的建議。」我向他俏皮地眨眨眼。

他搖搖頭。「傑克，事實並非如此。我們或多或少都受到身邊的人控制。父母會根據自身經驗指導孩子該如何思考，建議你從醫、從政，或接手家族事業。」

「這倒是真的。媽媽希望我留在農場工作。老實說，我也想不出自己還能做什麼，我只懂務農。」

「如果她能詢問你的想法，至少給你選擇的機會，不是更好嗎？」

「也許吧。」

「你和朋友坐在那棵大樹下時，他們也在試圖影響你。他們慫恿你不必理會父母說的話，要你跟他們做一樣的事。求學期間，老師告訴你能成為什麼樣的人。優秀的老師會藉由強化你的夢想和積極態度來影響你。遺憾的是，糟糕的老師則會在你心中植入恐懼，說你會失敗，找不到好工作，最後一事無成。這些人都在影響著你。」

「這真的有那麼重要嗎？」

「當然重要。有些想法會影響你一輩子。如果是正面的想法，那很好，但如果是負面的想法呢？」

「我從沒想過這一點。」

「傑克，告訴我，你對游牧民族有什麼看法？」

「他們是好人啊，有什麼問題嗎？」

「你會這麼想是受到我的影響。年輕時，我父母告訴我游牧民族不值得信任，說他們會竊取我們的農作物和機具。我一輩子都視他們為罪犯，驅趕他們很長一段時間。」

「是什麼改變了你？」

「四十多歲那年，有一天我的車在路邊拋錨了。兩個游牧者停下來幫我，而且拒絕任何酬謝，他們純粹只想幫忙。這件事讓我開始質疑自己長久以來對這個族群的觀點，後來我跟他們有了更密切的合作，這對我和農場都是件好事。三十多年來，我一直抱持著父母和其他農人灌輸給我的這種偏見，他們的恐懼也影響了我。多麼愚蠢哪！」

「我很好奇，他們為什麼跟你說不要相信游牧民族？」

「這正是問題所在。如果你信任親近的人，就不會懷疑他們說的話。也許他們曾有過不愉快的經歷，但一個人占你便宜，並不表示你就能認定整個群體都是如此。但人就是這樣，會散播自己的恐懼或偏見，而這些偏見可能影響你多年。現在我和游牧者相處融洽，和許多人都成了好朋友。他們協助我修理機械，收割農作物，還幫忙設置陷阱防止老鼠偷吃糧食。偶爾確實會遇到幾個品行不端的人，但這種人在農耕社會也不少。如果我能更早質疑自己的成見，那些無端的猜忌早就煙消雲散了。」

「我明白你的意思了。別人告訴我的事，可能並不是表面上看起來那樣。」

「傑克，正是如此。因為我們信任家人和朋友，所以不會懷疑他們跟我們說的任何事。」

「這句話聽起來很有道理，可是又覺得哪裡怪怪的。」

「我也這麼想。但影響我們的不只是家人、朋友，幾千年前的人也還在影響我們。聽起來有些荒謬，但確實如此。他們洗腦我們，讓我們以為只要是古老的建議就一定是真理。」

「但如果這些智慧能夠代代相傳，肯定是有道理的吧？其中一定蘊含著某些真理。」

外公嘆了口氣。「有時確實如此，但不是每件事。許多經得起時間考驗的智慧確實具有普世價值，但有些古老的教誨卻極具危害性。更糟的是，我們因為害怕懲罰而不敢質疑這些教誨。」

「為什麼不質疑呢？」

「這種態度就對了。懲罰的威脅讓人不敢質疑任何事情，所以生活才會受到幾千年前的人影響。世界早就今非昔比，我們應該重新審視那些源自過去的影響。」

「外公，你是在說宗教嗎？」

「不完全是。舉例來說，許多具有影響力的文本，無論是宗教典籍還是其他著作，都存在這種情況。」

「一定有人認為這些文本值得保存。」

「你說得對。愛因斯坦是天才，亞里斯多德是偉大的哲學家，但這並不表示他們說的每句話都適合現在。別忘了，我們的祖先也有幽默感，所以誰知道哪些只是當初的玩笑話呢？」外公眼中閃爍著狡黠的光芒。

「外公，如果我們把本來的玩笑話奉為真理，那就好笑了。」

外公大笑起來。「我敢說這種事一定發生過。孩子，**要學會質疑一切**。不管一項規則有多麼古老，或者是誰制定的，都不重要。記得，我曾經因為錯誤的資訊，白白浪費了三十年時間懼怕游牧民族。你覺得有哪些觀念是打著宗教的名號灌輸在我腦子裡的？別讓任何人把他們的恐懼傳遞給你。」

「如果別人告訴我那件事是真的，我為什麼還要懷疑呢？」

「因為事情只有當你認同時才會是真的。」

「這說不通啊。」我越聽越迷糊了，「如果一件事是真的，那它不就是事實嗎？」

「嗯，一個人的真理未必是另一個人的真理。每個人都有不同的信念，對善惡、是非有不同的見解，對這些事情的容忍度也各不相同。」

「外公，我明白了。人實在是太複雜了。」

「沒錯。人們總是試圖用自己的真理或恐懼說服群體。」

「為什麼呢？」

「通常是為了權力或金錢，有時兩者兼有之。」

「那我們能相信誰呢？」

「傑克，要相信自己。你能掌控的只有自己。相信你的所作所為，也要相信你內心的感受。直覺很少會出錯。無論在什麼情況下，都問問自己：這感覺對嗎？盡可能保持純真。提出簡單的問題，而這種問題的答案應該都很簡單。如果答案變複雜，就該提高警覺了。大多數事情本質上都很簡單，只有當人們刻意扭曲或試圖欺騙時，才會變得撲朔迷離。質疑他人的建議，就像質疑自己一樣。尤其要注意最奇怪的一種建議：『照我說的做，別照我做的做。』傑克，當你聽到這些話時，在你眼前的就是一個提供建議自己卻做不到的人。這是最常聽到的一種逃避責任的藉口。」

「外公，我懂了。」

「開闢一條用你的信念鋪成的道路。這正是我們擁有自由意志的原因。一旦決定從心而行，信任自己的內心，就能過著誠實的人生。」

我凝視窗外的黑暗，沉默片刻。「外公，為什麼你從來沒有跟我分享過這些想法？」我終於開口問道。

「我曾做錯一件事，就是讓不對的人限制了我的發展。沒有人建議我要抱持懷疑，反而要我相信一切。他們說，永遠不要質疑大人，好像只要長大了就什麼都懂似的。老師、醫生、童軍隊長，他們懂的都比我多，青少年質疑他們是一種無禮的表現。但你有優勢，你可以比我更早掌控自己的人生。我花了很長一段時間才領悟這些道理。但是，醒悟後，我就自由了。到現在我還是無法理解，為什麼當時的我這麼容易被誤導。」

「也許是因為你的父母接受了他們所學的一切，從不質疑任何事。」

「沒錯，這是很重要的原因。在大樹下遇見一對露營夫妻的那個夜晚，徹底改變了我的人生。我和他們一起喝咖啡，徹夜長談。那個夜晚成為我人生中最重要的一夜。」

「外公，這麼說會不會太武斷了啊。」

「確實有點武斷，但我真的是這麼認為。那晚的交流讓我從全新的視角看待人生，顛覆了許多我未曾質疑的觀念。他們和我談論世界、哲學、自由、遵從本心，還聊了許多其他事情。我最喜歡聽他們探討真理。我的人生從那一刻開始轉變。我有太多問題需要解答，也花了很多年時間擺脫過去的觀念，逐漸理解自己人生的意義。那些自童年起就深植於我心中的觀念，已經造成太多傷害。」

「外公，要怎樣才能擺脫他人灌輸的觀念呢？」

他看了我一眼，投來同情的眼光。「老實說，這很難做到。你必須質疑一切，重新評估你認為自己知道或別人告訴你的一切。**若要重拾純真之心，保持開放、信任、好奇的態度，就必須重新檢視並質疑一切**。每個人都受到他人及其觀念的影響和侵蝕。盡量避免將自己的想法視為真理傳授給別人，這是人類的通病。更明智的作法是，讓別人告訴你他們在某種情況下是怎麼做的，然後問你會如何處理類似的情況。這樣至少你有機會探索自己。」

「外公，我明白了。」

「如果有人不相信你能獨立思考，就不要聽他們的建議。」

「但我不能不理會自己的家人，對吧？」

「當然不能，不要不跟家人說話，但要看出哪些人無法幫助你實現夢想。如果他們給你建議，好的就接受，沒用的聽聽就好。無論如何，態度都要和善。」

「外公，我會的。」我笑著搖搖頭，「問題是，現在我也不確定你告訴我的是不是對我最好的建議。」

外公的眼睛亮了起來。「傑克，你太棒了！你聽懂我的意思了。我不是在告訴你該怎麼想，而是給你一個方向，幫助你做出選擇。至於要不要接受這個方法，完全由你自己決定。那麼，外公現在問你一個問題：你還想去全宇宙最好的座位嗎？」

「外公，我的心告訴我應該去。」

「很好，有你這句話就夠了。走吧，去看看你的人生如何在瞬間改變方向吧。」

他再次轉動目的地顯示牌的操縱桿：「短暫的相遇」。

STOP 10

短暫的相遇

不能再相遇，就把握那一刻所能擁有的一切

外公滔滔不絕地說著，語調時而高亢，時而低沉，那份熱情感染了我。我們經過幾個地方，一個熟悉的符號映入眼簾，我想起外公的鑰匙圈上也有這個標誌。

「外公，那個符號是什麼意思？」

「那是古老的中國符號『陰陽』，是歷史上最古老、也最有影響力的符號之一，意義非凡。理解這個符號的意義，也就掌握了生命的平衡之道。我真希望自己能更早發現這個符號，這樣我就將人生看得更透澈。」

「怎麼說？」

「我就能更了解這個世界，也會有更平衡的觀點。」

我無法想像一個簡單的符號竟能產生這麼大的影響。「你是怎麼發現它的意義的？」我問道。

「這是個很不尋常的故事。」外公凝視著前方的道路。「我從沒跟任何人提起，因為這太私密了。我想過告訴你外婆，但她不肯聽，說我在胡言亂語。從那之後，我學會了保持沉默，也從沒跟你媽媽提起過。直到今天，我才有機會跟你分享這件事。」

我的好奇心被徹底勾起。「我想聽。」

「好。那天晚上，我發現了陰陽符號的真諦。那是一次頓悟，徹底改變了我對生活的整體認知。我意識到自己大半生都走在錯誤的道路上，這份領悟同時帶給我慰藉、力量和智慧。從那時起，我看待每件事的角度都不同了。」他的目光與我短暫交會。「而這一切，都源於我和你外婆的一次激烈爭吵。」
「你和外婆吵架？怎麼可能？」外公和外婆看起來一向相處融洽、恩愛。
「我們很少爭執，但那次確實吵得不可開交。跟大多數爭吵一樣，起因都是些微不足道的小事。我想出國，想離開美國去歐洲看看。你外婆卻堅決反對，因為她不喜歡旅行。她竭盡所能地阻止我，大哭大鬧，甚至埋怨說我想拋棄她。當然，我絕不可能這麼做。我希望她能跟我一起去旅行，但她就是不肯。」
「為什麼呢？」
「她不敢出國，就這麼簡單。」
「真沒想到外婆會是這樣的人。」我坦承道。
「她的個性就是這樣。大多時候都很溫柔體貼，我也非常愛她，但我確實有些遺憾，覺得自己被綁住了，無法做自己想做的事。」
我完全無法想像。「聽起來很糟糕。你們就因為這樣吵架了？」
「沒錯，吵了好幾小時。過了半夜，我怒氣沖沖地出門。我現在知道有些事情的發生是有原因的，而那次爭吵，是徹底改變我人生的關鍵時刻之一。」
「那個深夜究竟發生了什麼事，居然能帶來這麼大的轉變？」
「我來告訴你吧。我離家時外面漆黑一片。我穿過田野，不知道自己要去哪裡。我很難過，試著釐清為什麼我們會吵得這麼厲害。皎潔的月光灑在隨風搖曳的農作物上，我腦中閃過離開你外婆、重新開始的念頭，但當時你媽媽還很小，而和她相處的每一刻都是我最珍惜的時光。拋妻棄子不在我考慮的選項內。每天晚上幫她蓋好被子，看她安穩入睡，是我最幸福的時光。我無法想像沒有每天和你媽媽在一起的生活，所以我必須解決和你外婆之間的矛盾。」

「你不能週末再去看她嗎？」我想起有個朋友的父母離婚了，於是問道。

「不行，傑克，我做不到。我珍惜你媽媽成長的每一個瞬間。如果和她分開，我會心如刀割。即使現在我們仍然幾乎天天見面，她……她就是我的一切。」

「我們也喜歡每天見到你，」我脫口而出，「沒有你在身邊，感覺就像少了什麼。」

外公頓了頓，長嘆一口氣，聲音微微顫抖。他用手背拭去眼角的淚水。

「你半夜走在田野裡。」

「剛說到哪兒了？」

「對。我走了很長一段路，不知該何去何從。我穿過一片又一片田野，最後走到那棵大樹下整理思緒。」

「你去了我那棵樹？」

「傑克，你和你的朋友現在做的事，我們早在五十年前就做過了。我們在那裡聚會，和自己的女朋友坐在一起，到河裡游泳。甚至再往前三十年，我父親也做過同樣的事。你和你朋友不是第一批把那棵大樹當作聚會地點的人，也不會是最後一批。如果你選擇留在農場，或許你的子孫後代也會延續這個傳統。」

我不禁莞爾。想到外公多年前也曾在那棵大樹下度過青春歲月，感覺有些奇妙。

「我不想吵醒朋友。老實跟你說吧，我覺得很尷尬，不想讓任何人知道我和你外婆吵架了。我爬到樹上，找了個樹枝分叉處坐下來思考。我一定是打盹了，直到聽見歌聲才醒過來。我以為自己在作夢。凌晨一點，黑暗中竟傳來笑聲和歌聲。我從樹上下來，往聲音的方向走去。」

「是盜獵者嗎？」

「不是。他們聲音很大，而盜獵者不會發出聲響。我悄悄接近，看見他們的營火。一對男女坐在那裡，放聲歌唱。我從陰影中走出來，把他們嚇了一跳，愣在原地。那位女士跳了起來，退到男子身邊，說想要什麼拿走就是了。」

「她為什麼會那樣說？」

「她大概以為我是盜匪吧。男子站在火堆旁，手裡握著吉他。緊張的氣氛持續了一會兒，直到水壺發出尖銳的鳴笛聲。『你們壺裡還有咖啡嗎？能多泡一杯嗎？』我問他們。『當然。』男子說，但他們看起來還是很不自在。

「那位女士清了清喉嚨，問我是不是路過。我告訴他們我住在這裡，她問是不是擅闖了我的土地。『我保證我們不會弄亂這裡。』她說。我告訴她不必擔心，並解釋為什麼我會深夜出現在這裡。之後，他們放鬆警惕，我們一起喝咖啡。他們告訴我他們名叫鮑伯和瓊安，開著福斯露營車在這一區旅行。他們是一對來自英格蘭的嬉皮，正在美國各地旅行進行自我探索。」

「好棒喔，我也想更深入了解自己的人生。」

「傑克，你居然聽得懂。我當時聽到『自我探索』這個詞時，完全不知道是什麼意思。他們後來告訴我的事情，彷彿為我打開了一扇新世界的大門。」

「聽起來很不可思議。」

「確實如此。他們回答了我在遇見他們之前就思考過的問題，那些我從不知道該如何找到答案的人生大哉問。他們說的每個字都令我豁然開朗，印證了我多年來的想法。在我的社交圈中，沒有一個人這樣思考。那真是個神奇的夜晚。我們唱歌，分享故事。我非常嚮往他們的生活方式。他們遊歷了許多國家，而我除了去鄰州參加農業展覽，幾乎沒有踏出故鄉一步。我為自己從未真正走出過國門而感到慚愧。就像這個地區的大多數人一樣，我被灌輸了『美國應有盡有』的觀念，認為沒有必要出國。但鮑伯和瓊安我告訴我事實並非如此，他們講述了不同的文化、熱情的人們和終身難忘的回憶。那些正是我渴望的體驗，也正是那天晚上我和你外婆發生爭執的原因。」

「這兩人過著無拘無束的生活啊。」

「是啊。他們在旅途中進行心靈探索，在異國文化中生活了五年，透過接觸不同的國家和人民，深入探索自己的內心世界。」

「聽起來有點玄。」

「確實如此，傑克，但這種體驗非常美妙。我從沒聽說過有誰在尋求開悟。他們說的話我照單全收。這就是我多年來一直在追尋的東西，卻不知道究竟是什麼。和這兩個美好靈魂的短暫相遇，讓我的腦袋快要爆炸了。他們推薦了幾本書給我，一些談論內在本質的大師作品和東方神祕主義者的著作。這遠超出我的想像範疇。在那個夜晚之前，我只讀過馬克·吐溫和華特·惠特曼的作品。隔天我就去買了這些書，之後又買了更多，直到今天還珍藏著這些書籍。」

「那些書我看得懂嗎？」

「總有一天，傑克，會有那麼一天的。」

「那麼……外婆呢？她一定很擔心吧。你什麼時候回家的？」

「大約早上八點。六點天就亮了，那是個清新明媚的早晨。花香飄進我們的營地，鳥兒在天空中鳴叫飛翔，為幼雛覓食。我從沒像那晚笑得那麼開心。我們一直聊到天亮。他們的露營車就停在旁邊，上面裝飾著繽紛的花朵，寫滿了『愛』、『和平』等字樣，跟我的巴士一樣。車身兩側繪滿了太陽、月亮、星星等圖案，車尾畫了幾個符號，還有一句俏皮話：『請勿踐踏草皮』。我敢說這不單純是在提醒不要踩踏草皮，英國人很有幽默感。」

我聽著，心想外公遇到誰都能打成一片。他不懼怕與陌生人交談，也樂於了解他人。「你還沒跟他們分開，然後回家嗎？」

「我也想啊。和他們握手道別時，我注意到他們車尾畫著這個符號。我以前見過，但從不知道是什麼意思，於是請教鮑伯。我永遠不會忘記他當時的表情。他對我笑了笑，說了類似這樣的話：『你和我們聊了一整晚，卻在離開時才問最重要的問題。』

「他請我坐回火堆旁，又煮了一壺咖啡，瓊安則去找麵包準備烤來吃。我們又聊了幾小時。鮑伯向我說明他對於這個美麗的陰陽符號所知道的一切。我感到震撼不已。他的解釋在我人生的那個時間點上顯得格外重要。我同時感到快樂、悲傷、激動和心碎。我怎麼會活到三十多歲，卻從未接觸過這些足以改變人生的知識？我慶幸自己提出了那個問題，這也使那個夜晚成為我生命中最重要的時刻。」

「外公，別賣關子了。他到底跟你說了什麼？」

「傑克，不要這麼急躁。他的回答很長，而且對你的意義也可能跟我不一樣。」

「為什麼會不一樣？」

「嗯，這麼說好了，他的話幫助我認識自己是誰，未來要往哪裡走。是鮑伯讓我開始質疑一切。」

「你後來還有跟他們聯絡嗎？」

「沒有，我再也沒見過他們。臨別前，我帶他們去了那棵大樹，我們一起爬進樹洞裡。他們非常喜歡那棵樹，並表示會永遠珍惜我們共度的那個夜晚。他們邀請我跟他們一起旅行，我真的很想跟他們一起走，但我不能拋下你媽，只能無奈地婉拒了他們的好意。那晚，我領悟到人生中最重要的一課。」

「是什麼？」

「為什麼萍水相逢的兩人居然能徹底改變我的人生？他們在一夜之間帶給我的啟發，遠超過我畢生從社區獲得的任何教誨。我學到了一課：**與人初次相遇，便要用心相待。你永遠不知道下一個遇見的人是否會改變你的人生。**」

「你會不會為再也沒見到他們而感到後悔？」

「我不後悔，但我希望能再見他們一面，告訴他們，是他們引領我踏上這三十多年的自我探索之旅。我很想握著他們的手，感謝他們幫助我找到內心真正的自己。」

外公的話深深吸引了我。我從沒見過他像現在這樣神采奕奕。當他講述那晚的經歷時，我能看見他眼中閃爍的喜悅。

「鮑伯告訴我，他覺得我們應該會再次相遇，但如果沒有，那麼我應該把那一刻能得到的一切全都帶走。『也許我們會在這一生再次相遇，也許來生才會重逢，一切隨緣。』說完，他伸出雙臂摟住我，久久不放。這是我第一次被男性擁抱，卻不覺得奇怪。因為他們生活方式的關係，一切都顯得那麼自然。他們兩人都散發著獨特的香氣，我很喜歡。鮑伯告訴我，他會在手臂上塗抹廣藿香精油。直到今天，每次聞到這種香味，我都會想到鮑伯和瓊安。這讓我意識到，即使是像香味這麼平凡的事物，也能喚起許多回憶。」

我微笑著說：「這故事真好聽，真希望我也能認識他們。可以跟我說說什麼是陰陽嗎？」

「傑克，我會的，等我先說完那天早上發生的事。我步履輕快地走回家，感覺煥然一新，渾身充滿前所未有的能量。我知道從那天起，我將徹底改變我的人生態度和生活方式。」

「外公，那你後來真的改變了嗎？」

「真的改變了，只是花了點時間。回家後，我迫不急待想跟你外婆分享鮑伯和瓊安的事，沒想到迎接我的卻是一陣怒罵。她罵盡天下所有難聽的字眼，場面相當難堪。她以為我和別的女人待在一起，指責我出軌。這當然不是事實。她徹底澆熄了我的熱情，讓我感到洩氣，也讓我陷入一段時間的低潮。我必須想辦法讓人生重回正軌。在田裡工作時，我有很多時間思考。我買了鮑伯推薦的書，讀到書中蘊藏的智慧時，還哭了好幾次。之後我又讀了更多書，現在我收藏了不少好書呢。這些書都有個共通點，就是幫助求道者向內探索、質疑自我。」

「外婆讀過那些書嗎？」

「沒有，別傻了。她覺得那些都是虛無飄渺的空話，都是胡說八道，還說我異想天開，以為一本書就能改變人生。但她錯了，我已經改變了，而且這改變不僅僅是因為讀書。我的人生，在我和鮑伯、瓊安一起坐在營火旁的那一刻，就已經徹底轉變了。」

「外婆為什麼不肯聽呢？」

「因為恐懼，對未知的恐懼，對不同思考方式的恐懼，說到底不過是單純的恐懼和無知罷了。」

「她不想知道你在讀什麼嗎？」

「完全不想。她認為我們不該質疑父母的教導，這種想法實在太過狹隘。很遺憾，她不願探索其他可能性，所以我從不強求，因為我認為在這種事情上，每個人都有自己的立場。」

「這樣你不會難過嗎？你發現了這麼棒的一件事，一些新的信念，卻無法跟別人分享。」

「無所謂。重要的是我的世界改變了，我改變了。雖然你外婆排斥任何另類思維，但我理解她，也知道無法改變她的想法。即使發生爭吵，也沒關係。我可以深入內心，保持冷靜，處之泰然。我想出了一些方法來幫助生活和保持理智，然後照常過日子。我還是能跟你外婆幸福地生活在一起，只有在某些特定的情況下，比如她不願意旅行或離開農場時，我才會感到遺憾。」

「很可惜外婆不能理解……但那個陰陽符號是怎麼回事呢？」我鍥而不捨地追問。「它有什麼特別之處？」

「先停下來喝點東西，我再告訴你。」

外公將巴士駛入一間路邊咖啡館。

STOP 11

生活的平衡

凡事皆有對立面，以更和諧的角度來理解

我們下了巴士，走進一間小餐館。這是一間傳統的一九五〇年代風格卡車司機餐廳，裝潢以紅、白、黑三色為主。老舊吧檯前擺放了一排高腳椅，地板和牆壁則鋪滿了方格磁磚。外公依然笑盈盈地回憶著與鮑伯、瓊安的奇遇。女服務生為我們添滿咖啡，送上早餐。她一手搭在腰間，嘴裡用力嚼著一大塊口香糖，吹著泡泡，盯著我們看。

「你們看起來不像我們平常接待的客人。從哪兒來的？」

我不知道視線該往哪擺。我試著理解她為什麼覺得我們不一樣，明明我們跟常客看起來並無多大區別。

「我們來自帷幕的另一邊。」外公回答。

「是嗎？」她皺著眉頭。「還需要什麼嗎？」

外公點點頭。「可以跟妳借便條紙和筆嗎？」

她瞇起眼睛。「很少聽到這種要求。你們是受過教育的人吧？」她撕下幾張便條紙，從上衣口袋的三枝筆中抽出一枝，「這枝筆可以嗎？」

外公笑了笑。「可以。」

「結帳時別忘了給我小費喔。」

外公對她比讚的手勢。他把番茄醬的瓶子放在紙上，沿著瓶底畫了一個圓，從圓的一端到另一端畫了一道波浪線，在圓的兩半各畫一個小圓圈，然後把半邊的圓塗黑，另一半則保留紙張的原色，最後再把原色那半邊的小圓圈塗黑。他把自己手繪的圖案拿給我看，對成果感到滿意。

「這就是陰陽。」他一邊說，一邊展示自己的畫作，「中國人在幾百年甚至幾千年前創造了這個符號，用來解釋二元論的概念。鮑伯和瓊安的露營車上就畫了這個符號，也是你在我的巴士上看到的圖案。」

我點點頭，表示認得。

「鮑伯坐在營火旁，解釋這個符號背後的涵意。我可以說，他給了我一套理解生命的公式。從那天起，我看待所有事物的角度都不同了，之後也一直依循這套法則。他告訴我，一切都跟平衡有關。」
「平衡跟生命的道理有什麼關係？我看鮑伯那天晚上一定在你的茶裡加了什麼東西。」
外公大笑起來。「也許真被你說中了。」他對我眨了眨眼。「你知道，我們常認為白色代表善，黑色代表惡。好人穿白衣服，壞人穿黑衣服。你知道的，對吧？」
「當然。」
「所以，這個陰陽圖才會半黑半白：陰陽兩極，互為依存，相生相剋。白天和黑夜截然不同，卻又彼此交融，缺一不可。這個符號的巧妙之處，在於這兩個小圓點。它告訴我們，要達到完美的平衡，陰陽兩極就必須包含對方的元素。」
「我好像有點明白了。」
「很好。無論生活中發生什麼事，都要嘗試從這個符號的角度去理解，明白對立面也必然存在。即使當下看不見，也要相信它的存在。」
「能舉例說明嗎？」
「當然。發生在你身上的一切好事，其中必然蘊含著對立面。這就是這個小圓點所代表的意義。譬如事業成功，其中必然隱含著失敗的可能性。也許你賺了錢，卻未善待員工，或者未提供顧客應得的服務。」

「這是不是只跟善惡有關？」

「不是，傑克，這是關於對立面和萬事萬物的二元性。沒有任何事物可以單獨存在。每一次失敗，都能讓你有所學習，而學習本身就是一步步邁向成功的過程。失敗是黑色那一半，而白色小圓點則是成功的學習步驟。」

「我明白了。」

「這個符號告訴我們：陰陽兩極必須共存才能達到平衡。是與非、富與貧、男與女、愛與恨、晝與夜、陸與海、成與敗，都是如此。無論何處，若有一物存在，其對立面也必然同在。當你領悟這一點，一切便豁然開朗，生命也變得更容易理解。」

「你剛才提到愛與恨。你的意思是，在愛中也隱藏著一小部分的恨嗎？」

「正是如此。戀人剛墜入愛河時，生活中的一切都那麼美好，接著出現了一些小摩擦。牙膏蓋子沒蓋好、馬桶座沒放下，或房間雜亂不堪。其中一方可能會因此感到煩躁，這些小事逐漸被放大。每次走進浴室，都會看見牙膏蓋和馬桶座，於是怒火中燒……但他們又愛著對方，不願讓這些小事破壞彼此的感情。」

「聽起來不像是值得爭吵的事。」

「我也這麼認為，但這是平衡的一部分，是陰陽之道，所以必然存在。有一天，雙方再也無法忍受，於是爆發爭吵。怒氣沖天，所有情緒洶湧而出，那潛藏的仇恨小點這時便顯現出來，緊接著是一場激烈的爭吵。這對相愛的情侶第一次產生嫌隙，言語漸趨刻薄，尖叫聲此起彼伏，陰陽中的仇恨面此刻占了上風。過了一會兒，他們平靜下來，把事情說開，最後和好如初。在仇恨面中那愛的小圓點逐漸擴大。他們跟彼此道歉，愛的圓點變得更大，他們也變得更加親暱。這種平衡狀態將持續到下次再度發生衝突時。」

我花了一些時間消化這個資訊，同時想像這個畫面。「哇，外公，聽你講解時，我幾乎可以想像這個陰陽圖案的變化。我從來不知道可以用這麼簡單的圖形來理解這些事。」

「嗯，明白這點會對你很有幫助，這樣你就能預見事態的發展，明白對立面的存在。無論你是富有還是貧窮，快樂還是悲傷，已婚還是單身，喜歡待在家裡還是喜歡旅行，這個符號都能為你指引方向。」

「我想我會多加練習，更深入理解。」

「很好。我花了好幾年時間才領悟這個道理。記得有一天我突然領悟到，並不是所有富人都很幸運，因為他們時常感到貧乏，但我們卻不會。」

「富人怎麼會有貧乏的問題？」

「金錢買不到家庭、愛情和朋友，而正是這些成就了生命的意義。如果身邊無人分享榮華，再富有也可能過得淒涼。他們承認金錢帶來的快樂是有限的，因此反而成為一種負擔。那些圍繞在他們身邊的人，或許只是貪圖他們有錢。如果他們的財富在一夜之間歸零，這些所謂的『朋友』是否也會離他們而去？從這個角度來看，他們的貧乏可能展現在友誼層面。傑克，我寧願擁有朋友，勝過金錢。」

「我也是，不過錢多一點也沒什麼壞處。」我笑著說。

「說得是。」外公呵呵笑著，啜飲一口咖啡。「想像有一片海洋，方圓數千里盡是水域，中央屹立著一座小島。水手嚮往海洋的浩瀚和挑戰，但海水不能飲用，於是這座小島便成了他們的焦點，甚至比海洋本身更重要。同樣地，橫越數千里炎熱乾涸沙漠的旅人，也深知在寸草不生的廣袤荒漠中，一處小小的綠洲是何等珍貴。」

「所以善良的人也會有邪惡的一面？」

「正是如此。即使是聖人心中也存在著罪惡，罪人心中也蘊藏著慈悲，這是必然的。觀察罪犯跟他的孩子相處，就會發現他會忍不住對孩子付出愛。」

「那麼，我要怎麼用這個符號來引導自己呢？」

「很簡單。你要明白，你心中蘊藏著無限可能。**意識到對立面永遠存在，試著計畫好該如何應對**。提前思考，總比等到發生問題卻無法處理要好得多。」

「我想我明白了。」

「傑克，有些人創業的目的是為了改變生活方式，希望工作時數少於目前雇主的要求，希望有更高的收入，讓家人擁有更好的生活。這些都在白色那半邊。所以我才說要提前思考。如果創業沒有帶來更高的收入呢？如果工作時間反而加倍了呢？事情發展有各種可能性，如果能預先考慮對立面的存在，就能做出更適當的規畫。我沒聽過有哪個企業家在創業初期，不但工時減少，收入還增加了。那種夢想中的生活方式通常是能夠實現的，但需要時間。明白對立面的存在，就能提前做好心理準備。一旦你能做到這一點，當事態發展不如預期，也不太會困擾你。」

「那要怎麼提前做好心理準備呢？」

「鮑伯信奉愛與和平，但世界上有人渴望戰爭。他嚮往愛，那些人卻沉溺於仇恨。鮑伯不帶有恨意，但他厭倦了政客肆意挑起戰爭，任憑青年戰士無端犧牲性命。他憎恨那些政客，但這不符合他的本性。他意識到這是他心中的二元對立，而根據陰陽之道，他明白這種對立面必然存在。對於一個嚮往和平的人來說，這份憎惡在他心中顯得格外沉重。」

「憎恨那些政客有什麼錯呢？尤其是他還看到有人喪命。」

「再多的仇恨也無法改善現狀，於是他轉而選擇改變其他人的思考方式。也許這是一條緩慢而充滿挫折的道路，卻是更好的選擇。」

「聽起來很簡單，感覺又有點複雜。」

「確實。游牧民族渴望一塊安居之地，城市居民卻嚮往旅行和自由。對立面無處不在。認識到它們的存在，能讓我們更全面地看待這個世界。」

我越聽越明白，感到內心正在慢慢覺醒，於是將感受告訴外公。

「傑克，太好了。有太多人渾渾噩噩度過一生，錯過了太多事物。接納這個符號，能幫助你更全面地理解事物。萬事萬物皆有其對立面，而對立面是整體不可或缺的一部分。若少了對立面，就不完整了。」

「聽起來理解這個陰陽符號對每個人都有好處。」

「當然。想想平凡和卓越這兩個對立面。每個人都認為自己只是凡夫俗子，每天過著平淡無奇的生活，毫無波瀾。但那顆卓越的小圓點也在其中，需要不時出現。發掘並釋放這個隱藏的小圓點，能幫助某些人從平凡蛻變為卓越。」

「外公，我已經愛上陰陽之道了。」

「傑克，太好了。我所知道的是，一旦明白這個道理，就能用更平衡、更和諧的角度，來理解周遭事物。」

我這時才發現那個女服務生一直站在我們前面，看著外公畫的陰陽圖。

「所以，你是說一邊是做著乏味工作的我，但如果在內心深處尋找，我可能是會唱歌的人，而且唱得很好聽？」她一邊說話，一邊吹破口香糖泡泡。

「每個人內心都蘊藏著某方面的才能，」外公回答，「只需要找到它並追尋自己的夢想。」

我們在桌上放了一堆硬幣，便往外公的巴士走去。巴士上繪滿了花朵、和平符號和陰陽圖案。

「嘿，這是哪種錢幣？」女服務生在我們身後喊道。

外公笑著說：「我們走吧。」

我們回到巴士上，我感到有些頭暈。「外公，你不覺得那個女服務生怪怪的嗎？」

「怎麼說呢？」

「她看我們的眼神啊，我就是覺得她跟我們不一樣，好像有點不太正常。」

外公目光深邃地看著我，攬住我的肩膀。「傑克，我們每個人都是獨一無二的，沒有人完全相同，也不該試著和他人一樣。我覺得我們應該再增加一個目的地，一個能幫助我們了解差異的地方。」

他轉動操縱桿，指向一個新的目的地：「莫急論人」。

STOP 12

莫急論人

保持開放的心態不批判，接納他人原本的樣貌

外公駕著巴士，行駛在一條美麗的四線道上。道路兩旁整齊排列著高大的闊葉樹，其中許多樹齡超過百年。樹上花朵盛開，葉片隨風輕舞，在深淺交錯的綠意中，點綴著秋日的橙黃赤紅，宛如一幅壯闊的畫卷。

他在紅綠燈前放緩車速。寬闊的大道兩側矗立著一幢幢石造建築，與我們農場的建築風格迥然不同。有高聳的窗戶，其中許多還鑲嵌著彩色玻璃。我猜它們是歐洲風格的建築。

右側，一尊青銅雕像矗立於基座上。雕像人物身著十八世紀服飾，披著一件飄逸的長袍，被定格在某一瞬間，右手向上伸直，左手持著一支長矛，矛尖高舉，頂端飄揚著一面旗幟，黃底旗面上寫著：「莫急論人」。

我凝視著雕像的眼睛，發現它居然對我微微一笑。

我揉了揉眼睛。「外公，『莫急論人』是什麼意思？這種說法聽起來很古老，我看不太懂。」

「這句話很有道理，至少如果人們願意遵循這個原則的話。」

「怎麼說？」

「很簡單，就是不要對他人或他人的言行妄加評判。」

「你覺得一般人會這麼做嗎？」

「時時刻刻，更糟的是還喜歡在背後議論他人。你應該避免這種行為，就像你剛才對那位女服務員，你說她怪怪的，你有什麼資格對他人做出任何的評判呢？只講事實，不要聽信流言蜚語，這樣才能保持頭腦清晰。評判他人時，往往是從自己的角度看待問題，卻未必了解他人的處境或經歷。」

我不太認同外公說的話。「我覺得我看人滿準的。」

「孩子，我以前也這麼認為，直到多年前親眼目睹一件事，之後我就不輕易評判他人了。」

「發生了什麼事？」

「當時我在我們那裡的商店排隊結帳，突然看到保全人員衝上前，從一位衣著光鮮的男士大衣內裡搜出一袋食物，當場人贓俱獲。排隊的人都怒視著他，有些人還對他指指點點。站在我旁邊的女士高喊著應該把他送進監獄。在等待警察到來的期間，排隊的顧客紛紛譴責他，說鎮上不需要像他這樣的人渣。那人先是羞愧地低著頭，之後抬起頭來，直盯著我們看，然後開口說話，語氣輕柔，措辭文雅，顯然受過高等教育。

「『請不要隨意評判我，』他說，『我的妻子在一場嚴重車禍中喪生，之後我又失業了，現在身無分文。我的孩子已經三天沒吃東西了，也沒領到政府補助。』」

我睜大雙眼。「太慘了吧。」

「是啊，傑克。但他說了一個我從未思考過的真理，我一輩子都忘不了。」

「你說的真理是什麼意思？」

「他口齒清晰地說道：『如果我們易地而處，今天在這裡排隊的各位為了餵飽孩子，也會跟我做一樣的事。如果不會，那你們就不愛自己的孩子。請便，報警抓我吧。我不可能比現在更慘了。我現在感受到的絕望，是人類所能承受的極限。你們只會讓我孩子的處境更加悲慘。政府會把他們從我身邊帶走。他們已經失去母親，現在連父親也要失去了。』」

「後來怎麼樣了？」

「唉，大家都覺得很慚愧。那人繼續說道：『也許我的遭遇可以讓你們知道自己有多幸運，願意展現一點慈悲，讓我在警察到達之前離開。我不會拿走這些東西。這樣我有罪嗎？』」

就在這時，我注意到外公的眼睛泛著淚光。

「傑克，當時他深深打動了我。」他指著自己的胸口說。「他的話確實有道理，因為如果我沒錢，而你和你媽挨餓，我也會跟他做同樣的事。」

「你會？」

「毫無疑問。」

我開始同情那名男子。「後來他進監獄了嗎？」

「沒有。原本還喊著要逮捕他的那位女士幫他支付那些商品的費用。我們當中有些人多買了一些物品，結帳後放進他的購物籃裡，還放了一些現金。他淚流滿面，向我們深深鞠躬，表示感謝，最後帶著對人性多一分的信任，還有幾袋可以餵飽孩子的食物離開了商店。」

「警察怎麼說？」

「他們也不能說什麼，又沒人犯罪。當時在店裡購物的人請經理撤銷告訴，他同意了，甚至還主動在那人的購物袋裡多放了幾樣東西。傑克，我告訴你這個故事，是因為一般人很容易做出草率的判斷，在不了解全貌的情況下便斷定是非黑白。那名男子向我們道謝時，我反而覺得是我們應該謝謝他。那天，他教了我一個寶貴的道理，就是不要輕易評判他人。」

「我有點好奇他和他的孩子後來怎麼樣了。那點錢撐不了多久吧？」

「喔，他後來情況變好了。他叫理查，我後來特地去找他，請他帶著家人住進我媽以前住的小屋，那裡當時閒置著，正好給他們一個遮風擋雨的地方。他們在那裡住了九個多月，直到理查找到工作，重新站穩腳跟。我們照顧他們，不求回報，但理查是個自尊心很強的人，經常晚上主動到農場幫忙。他們離開那天，我們雖然難過，卻也替他們感到高興。難過是因為我們已經成為很好的朋友，高興是因為他們克服了困境，重拾生活的控制權。他的孩子山姆和瑪莎為農場帶來了新的生氣。」

我太驚訝了。「你是說，山姆舅舅和瑪莎阿姨是他的孩子？」

「沒錯，為什麼這麼驚訝？」

「可是我們不是一家人嗎？他們是我最喜歡的舅舅和阿姨，我一直以為我們是家人。」

「傑克，他們是啊，是最親密的家人。未必只有血脈相連的才是家人。」

外公揭露的真相太令我震驚了，我一直以為他在講陌生人的故事。

「記得，他們的生活因為一場車禍轉眼間分崩離析，我們的生活也可能在一瞬間發生變化。一起意外、一場疾病，甚至是失去工作這種小事，就足以改變一切。生活中的任何變動都可能造成極大的影響。」

「山姆舅舅和瑪莎阿姨在一夕之間失去了一切，肯定很難承受。」

「的確如此。重要的是，要知道人生的巨變隨時可能發生在任何人身上。在遭逢困厄之前，沒有人知道自己將如何應對。所以，絕對不要肆意評判他人的生活。**保持開放的心態，接納他人原本的樣貌**。有時確實會做出草率的判斷，但這應該只是本能反應，之後必須停下來想一想，退一步問自己：是否掌握了所有事實？如果是，那真是太難得了。」

「外公，我會盡量做到的。」我需要思考的事情太多了。

外公點點頭：「我們繼續往前走吧。」他將目的地設在一個聽起來充滿無限可能的地方：「創意園區」。

我們的巴士在山巒間蜿蜒，朝著即將西沉的夕陽駛去。

STOP 13

人人皆有創意
每個人都有機會突破自己的極限

行駛數小時後，天色漸暗。我已逐漸習慣這詭譎的轉變，白晝轉瞬即逝，黑夜悄然降臨。我們經過一個現代感十足的城鎮，玻璃帷幕建築映入眼簾。越過籬笆，可看見附近的公園，那裡樹枝間懸掛著一圈圈彩燈和燈籠，照亮整個區域，增添了溫馨氛圍。人群聚集，中間似有雜耍藝人和其他表演者。

「外公，我們停下來逛逛公園吧。」我臉上綻放燦爛笑容，「好想看音樂家和雜技演員表演。」

「好，我們休息十五分鐘，活動活動筋骨。」

外公將巴士駛向公園入口附近的空地。拱門上方，霓虹字體閃爍著「創意園區」四字，照亮了入口處。

剛踏入拱門，我便愛上了這地方。人們用原始素材創作雕塑、樂器和玩具。我佇立觀看工匠們精心雕琢繁複的花紋。各攤位上擺放著琳瑯滿目的手工藝品，貓咪、小狗、熊、小丑、火車，還有無數令人讚嘆的作品。一位披著色彩繽紛針織披肩的老婦人向我們招手。

「送你一個禮物，」她說，「價格是一個燦爛的微笑。」她伸手將一件小巧的物品放入我的掌心。低頭一看，是隻正在啃食香蕉的手工木雕小老鼠，模樣精巧可愛！我笑得更開心了。

「就是這樣，」老婦人說，「我就知道你還能笑得更燦爛。」

外公走向前說：「我來付錢。」

「剛才已經付過了，價格是一個燦爛的笑容。」老婦人發出爽朗的笑聲，「請往前走，後面還有人排隊呢。」

我們漫步穿梭於各攤位間，驚嘆於那些用木頭、金屬、陶土、蠟和紙張等素材創作出的精美作品。四周藝術家此起彼落地演唱、表演，整個園區熱鬧非凡。外公買了幾支手工蠟燭。我們滿心歡喜地回到巴士，並肩坐在階梯上。

「我跟你提過我朋友湯姆和梅西嗎？」他問我。

「好像沒有。」

「你外婆過世後，湯姆和梅西偶爾會來我家吃晚餐，或是我去他們家。我想他們是擔心我這個孤單老人獨自生活，其實他們不必擔心，畢竟我一向能夠自在地獨處。他們很羨慕我能善用時間，做自己想做的事。我回說他們也能做到，但他們總是抱怨自己浪費了許多時間，說自己身上一點創意細胞都沒有。這就是為什麼創意園區會讓我想起他們。」

「也許他們說的是真的呢？」

「胡說！每個人都有創造力。我跟你說說他們的故事吧。有天晚上吃飯時，我問梅西喜不喜歡我的料理。『很好吃，』她回答，『跟平常一樣煮得恰到好處。』

「『那今晚的用餐氛圍呢？』我繼續追問，『喜歡點著燭光用餐嗎？』

「『喜歡，』她說，『非常溫馨。』湯姆也點頭表示同意。

「我指著桌上的蠟燭。『梅西，製作這樣一根蠟燭會很難嗎？』我拿起一支裝在精美玻璃罐中的蠟燭。她說不知道。我告訴她其實很簡單，也很有趣，但她反駁說自己不擅長這種事，沒有藝術細胞。我看著她。『妳現在看到的這支蠟燭，就是我親手製作的。』我說，『我是全世界最沒創意的人，只會修理農機。但我要告訴妳，當妳點燃自己親手製作的蠟燭，沐浴在那燭光裡，會有不一樣的感覺。』

「他們倆盯著我的蠟燭看。『我喜歡這些不同的顏色。』梅西說，『搭配得真漂亮。』

「『沒想到你還會做蠟燭啊。』湯姆插話道。

「『啊，湯姆，這就是生活的美妙之處，』我回應，『什麼都嘗試看看，喜歡就再試一次，不適合就學點別的。趁著還有精力，多嘗試新事物。』他點點頭。接著我問梅西會不會做蛋糕。『當然，』她說，『誰不會做蛋糕呢？』

「『我就不會。妳能教我嗎？我們來交換：妳教我做蛋糕，我教妳做蠟燭。』

「『一言為定！』梅西收拾桌子，教我怎麼混合麵粉和水，再加入雞蛋。不知不覺間，我們就烤好了一個蛋糕，還用糖霜裝飾。她最後在上面撒上碎核桃，搭配咖啡口味的海綿蛋糕，更添風味。然後，她還寫給我詳細的烘焙步驟說明。直到今天，我還在用這份食譜做蛋糕。」

想到蛋糕，我不禁咽了咽口水。「外公，我知道，你的咖啡核桃蛋糕最好吃了。那你教梅西做蠟燭了嗎？」

「我教她了嗎？」外公的眼睛閃爍著光芒，「說了你可能不信。我拿出做蠟燭的工具，不過就是些蠟材、不同粗細的燭芯、一個鍋子和不同形狀的模具。『梅西，妳剛才用餐時提到，妳和湯姆渴望過更好的生活。』我說。『對啊，』她答道，『現在什麼都貴，錢似乎怎麼存都不夠，只能勉強靠那點微薄的積蓄度日。』

「『如果我教你們怎麼靠製作蠟燭賺錢呢？作法很簡單，或許能幫你們賺點外快。』

「『謝謝你的好意，但對我們來說已經太遲了。』湯姆說，『不過希望能把這門手藝傳給孩子。』

「我告訴湯姆沒有太遲這回事。他才六十歲，還有大把時間去實現目標。『別讓年齡成為你的枷鎖。』我說。

「湯姆看著我，肯定覺得我瘋了。他們即將退休，跟許多同齡人一樣，以為人生已經到了該放棄願望的階段。總之，晚餐後，我教他們怎麼把蠟融化倒入模具、放入燭芯，反覆操作。我們做了大小不一、色彩繽紛的蠟燭。凌晨他們離開時，還興奮得咯咯笑著，彷彿我剛才傳授了生命的奧祕。那晚，他們帶著無比亢奮的心情離開。」

我想到當時的情況，不禁笑了起來。「聽起來，他們的感受跟你遇到露營車那對夫妻時一樣。」

「是啊，傑克。那是改變人生的時刻。當人生豁然開朗，靈光乍現的那一刻，即使只是一瞬間，也足以讓人內心澎湃。這就是他們當時的感受。」

「那後來呢？」

「之後半年左右，我都沒見到他們。直到有一天，我的信箱出現一封正式邀請函。湯姆和梅西邀我去他們家共進晚餐。我非常期待和他們見面。快到他們家時，太陽已經下山了。眼前的景象簡直難以置信。他們的車道宛如一條美麗的伸展臺，兩旁擺滿大大小小的玻璃罐，罐中燭光搖曳，照亮整條車道。我循著燭光穿過前門，進入走廊，來到客廳。閃爍的燭火和芬芳的香氣令人陶醉。那股香味勾起我往日點燃廣藿香的回憶，讓我的感官愉悅不已。有些蠟燭高達一公尺，壯觀美麗。我對他們的才華讚嘆不已，也驚訝他們在這麼短的時間內居然進步這麼多。

「梅西向前擁抱我。『真是太謝謝你了，』她說，『你看你幫了我們什麼。你改變了我們的生活，而且是非常正向的改變。』

「我很驚訝。我只是教他們基本的蠟燭製作方法，沒想到他們能發揮得如此淋漓盡致，甚至掌握了一些我不知道的技巧。他們站在旁邊，臉上掛著燦爛笑容。整個房子彷彿童話故事中的魔法場景。

「梅西捏了捏我的手臂。『那天晚上離開你家，是我們多年來最開心的時候。』她說，『你告訴我們，你每年都會培養一項新的嗜好，這句話彷彿一記當頭棒喝，讓我們意識到人生尚未結束。你知道的，我們不認為自己有藝術細胞，但我們想，或許可以試試做蠟燭，發揮一下創意。我們去店裡買了材料，失敗了幾次，終於學會製作茶蠟。我們忙得不亦樂乎，不知不覺做出了幾百支小蠟燭。分送很多給親朋好友之後，還是剩下好多。某個週末，湯姆去我們那裡的園藝中心購買鳥飼料時，注意到他們在販售蠟燭。』

「湯姆接著說：『那是我最得意的時刻。不知道哪來的勇氣，我主動求見經理，告訴他我是個蠟燭商人。話一出口，我就開心地笑了，又覺得有些難為情，真不敢相信我居然這樣自稱，但後來我們真的成了蠟燭商人。』

「我微笑看著他們，發現他們看起來年輕許多，也充滿活力。

「『我問經理有沒有興趣銷售我們的茶蠟。』湯姆繼續說，『結果他全買下了，還問我們能不能做更大的蠟燭。他告訴我們想要的尺寸、顏色和形狀，向我訂購每兩週五十支蠟燭。六週後，我們的蠟燭大受歡迎，於是他把訂單增加到每週一百支。』

「我很驚訝，但這件事還有後續。『現在我們是四家禮品店和六家園藝中心的主要蠟燭供應商，』梅西宣布，『每週製作超過六百支蠟燭，還得雇用幫手才忙得過來。』

「傑克，他們真的讓我大吃一驚。當初教他們做蠟燭，只是想向他們證明每個人都有創意火花，年齡絕不是障礙。沒想到他們會全心投入這項新事業，但我很高興他們這麼做。這印證了鮑伯和瓊安說的那句話：你永遠無法預料，你的人生會在哪一刻因為別人的話或行動而有所改變。如果沒有那頓晚餐，梅西和湯姆或許仍在渾渾噩噩地過日子。現在他們創立了自己的事業，也賺到了超乎想像的收入。

「他們認為是我改變了他們的生活。當然不是，我只是播下了一顆種子，真正改變的是他們自己。我只教了他們一項新技能，但採取行動的是他們。沒有行動，一切都不會改變。我為他們感到驕傲。

「那天晚上，我們在燭光下共進晚餐，慶祝他們的成功。梅西播放音樂，我們三人跳起了『扭扭舞』，蠟燭的火光把我們的影子投射在牆上。我們彷彿回到了青少年時期，笑著跳著，最後累得癱坐在椅子上，雖然渾身痠痛，但心中滿是喜悅。但是，梅西還有一則消息要宣布。她從壁爐臺上取來一個信封，請她丈夫打開。裡面是一張紙條。他大聲朗讀出來。

給湯姆，全世界最棒的丈夫。
希望你喜歡歐洲的食物。

愛你的梅西

「湯姆驚訝地看著她，然後往信封裡看，掏出兩張歐洲郵輪十四日遊的船票。梅西興奮得像個小女孩。『我提前支付了這趟旅行的費用！』她尖叫著說，『我們之前根本沒能力負擔這麼奢侈的旅行。』湯姆緊緊摟著她。我真替他們感到高興。梅西上氣不接下氣地描述他們要去的每個地方。他們緊緊相擁，笑聲不斷。梅西打開窗戶，用盡全力大喊：『我六十二歲了，還很年輕，我要出國了！這是我這輩子第一次出國！』

「那天晚上離開時，他們送了我兩份禮物：一隻精美的手錶，和一個雕刻成燈塔形狀的大蠟燭，真的美極了。但對我來說，真正的獎賞是他們的成功。傑克，這些時刻是金錢買不到的，它們總在你最意想不到時出現。那晚，我們全然活在當下，隨興歌唱、跳舞，和朋友開懷大笑。那種感覺非常特別，這種時刻偶爾會降臨。當它來臨時，請欣然接受，細細品味每個細節，並試著記住你正處在多麼珍貴的時刻。這些回憶將為你帶來一生的快樂。」

「外公，真希望當時我也在場。湯姆和梅西一定是你最好的朋友吧？」這雖然只是我的推測，但我強烈感覺到，這對夫婦對外公而言意義非凡。

「傑克，他們的確是。我之所以告訴你湯姆和梅西的故事是有原因的。雖然他們年紀已經很大了，卻找到了一項與自己能力相符的技能。如果他們能夠早點開始，或許早就成功了，但他們缺乏自信。」

「外公，世界上應該有很多這樣的人吧。」

「確實如此，真令人遺憾哪。世界上有太多創意人才被埋沒了。他們擁有才華，卻缺乏站到臺前的自信。許多人渴望分享自己的才能，卻始終躊躇不前，一直躲在家中，不願像梅西那樣向窗外大聲宣告自己是誰。」

「為什麼大家不敢放手去做呢？」我問道。

「他們害怕批評和尷尬，害怕被人嘲笑。對我來說，最悲哀的是，知道世上有許多才華橫溢的人，但他們卻永遠無法獲得認可。傑克，這是多麼令人惋惜的事啊？那些才華全都摔碎在岩石上了。」

我點了點頭，想起希望谷那些破碎的夢想。「外公，那樣真是太可惡了。

為什麼會有人嘲笑有創意的人呢？」

「因為他們害怕自己不懂，擔心自己無法領會作品中的訊息。對他們來說，質問藝術家為什麼不按照傳統方式作畫，遠比接受新觀念容易。所以，傑克，當你走在任何一條街上，要知道在那些緊閉的門後，住著能和世界頂尖人才匹敵的才華志士。當你遇到一個有創意的人，即使你不理解他們在做什麼，也要給他們空間和鼓勵。**每個人都有機會突破自己生命的極限。**」

我安靜地坐著，思索外公的話，並開始好奇我的鄰居可能擁有哪些不為人知的才華。

「傑克，我們再去一個地方吧，那裡能幫助你理解未來可能會遇到的情況，以及該如何妥善應對。」

我笑了。「外公，我最喜歡你這一點。你永遠都有讓我驚嘆不已的見解。現在你要帶我去哪裡呢？」

他微笑著轉動操縱桿，指向目的地顯示牌。「這個地方對你內心的平靜非常重要。」

我讀著牌子上顯示的文字：「接受」。

STOP 14

接受人生的一切

事出必有因，也蘊藏著成長的契機

一聲巨響打斷了我們的思緒。外公緊握方向盤，奮力控制著巴士。車身劇烈搖晃，在路面上左右偏移，驚險萬分。過了這令人心跳停止的瞬間後，外公終於穩住巴士，停在一處空地上。我們跳下車，發現後輪輪胎不見了，橡膠碎片和半截輪胎散落一地。

「太離譜了啦，外公，偏偏在這時候發生這種事！」我大喊，「我們肯定到不了全宇宙最好的座位了。現在該怎麼辦？」

「傑克，我正在想辦法。」

我心中湧起一陣恐慌。「這下糟了，我們被困在荒郊野外，又沒辦法打電話求救，也太慘了吧。」

「別擔心，反正都已經這樣了。」外公繞著巴士走了一圈，打開側邊行李艙，鑽了進去。

在這陌生的地方拋錨，我感到不安。「我們被困住了，而且是在最糟糕的情況下。」

外公從行李艙裡拖出一根粗大的金屬桿和一個帶鋼輪的金屬滑板。

「外公，你不是認真的吧？」

「為什麼不？得換輪胎啊。」

「不可能用那東西把巴士抬起來，絕對辦不到。」

「看看這根桿子的長度，肯定沒問題。」外公又鑽回車底，喘著氣試圖移動備用輪胎。我也鑽了進去，爬到他身旁，用腳頂住輪胎，祖孫合力終於將它推到路面上。

「外公，我們不該這麼倒楣。」

「孩子，聽聽你自己在說什麼。不過是爆胎，能修好的，別擔心了。」

「我知道，可是我們……」

「傑克，事情出差錯時，就接受它。人生就是這樣，向前看吧。」

我繞著巴士走了一圈，看著目的地顯示牌，上面的字是「接受」。「外公，目的地牌的字是『接受』。這是要帶我們去哪裡？」
「啊……那是最美的地方。如果你能學會在陷入困境時到那裡去，就能避開許多痛苦。」
「可是它在哪裡？」
「在這裡。」外公指了指自己的頭。「我來解釋一下。如果你能接受生活中有美好的時光，也有許多平凡的日子，甚至有不少痛苦的瞬間，那麼你就能更理解並學會接受人生中的一切。美好的時光很容易面對，生活順遂時，每個人都喜歡享樂。大多數時候，大家都是過著所謂平凡的日常，做著例行公事，卻很少留意到時間的悄然流逝。然而，當事情出了差錯，生活遇到困難時，大家才會掙扎、覺醒並變得警覺。輪胎爆了、工作丟了，或是親人病倒了，這些時刻可能十分難熬，但保持冷靜非常重要。」
我搖了搖頭。「我覺得會感到沮喪是很正常的。」
「確實如此。但如果你仔細思考，就會明白這種反應其實並不理性。」
「可是，如果事前不知道會出差錯，又怎麼接受得了呢？」
「想想汽車吧。汽車動不動就故障。買新車那天，你站在它前面，感到自豪。你告訴自己，這輛車會帶給你很多樂趣，你能想像自己開著車到鄉間野餐、搖下車窗兜風的畫面。大多時候，車子確實能帶給車主快樂，但它畢竟是機械裝置，任何有活動零件的物品都有可能故障。不但發生機率很高，而且往往會在最不恰當的時機。事實上，大多數的故障都是在使用過程中發生的，所以總感覺是最糟糕的情況，因為故障通常會打亂你一整天的計畫。如果事先理解並接受這些情況很可能發生，就不會覺得這是什麼大問題。很少人會記得他們的車子、洗衣機或輪胎，甚至他們購買的所有物品在正常運作了多久之後才出現問題。」

外公說得對。我深吸幾口氣，強迫自己冷靜下來。「我覺得你說得非常有道理。」

「本來就是啊。傑克，學會事先接受這些事情，能提高你的理解力。預先接受事情會出差錯，你就能學到更多。」

「所以，你所說的接受，是指接受我們剛買的那輛新紅色拖拉機無論怎麼保養，烤漆都難免會有刮痕嗎？」

「沒錯。接受它會有刮痕。不要故意損壞它，但要接受有發生的可能性。」

「還有什麼呢，外公？」

「要知道的事可多著呢。這涉及對萬事萬物生命週期的理解。最重要的接受，是坦然面對死亡。這是人類最大的心結。很少人願意面對死亡，儘管這是我們唯一可以確定的事情。如果更常討論死亡，並接受死亡是人類的宿命，相信大多數人的生活會過得更美好、更充實。」

我開始感到有些不自在，外公的話直擊我內心深處。「我理解為什麼大家不願意談論死亡，這不是一個愉快的話題。」

「的確如此。或許是因為數百年來，我們一直刻意迴避這個話題。其他文化比我們更能坦然面對死亡。」

「嗯，我不是很想思考這個問題。」

「我理解。但想想你知道的事實：人都會死，但大多數人卻選擇忽略，從不願提及。這就是為什麼當有人去世時，事情總會變得一團糟。很少人會提前安排自己的身後事，因為他們不想面對死亡的事實。」

外公說得對，我們家從不談論死亡。

「傑克，當親人老邁生病時，家人往往圍繞在病床前祈禱：請不要讓他離開，但這毫無意義。他們真正想表達的是：不要死，因為我們會非常想念你。這無可厚非，因為要是沒有這種感情的話，就太冷酷無情了。雖然認識了這個人大半輩子，但實際上無論家人們說什麼、做什麼，或祈禱什麼，都無法阻止他的離世。死亡是生命的必經之路，生老病死是自然規律。即使是富可敵國的人，也無法逃脫死亡的命運。醫學和儀器或許能延長生命，但每個人都必須接受自己總有一天會死的事實。」

我低頭看著地面，用鞋子輕輕撥弄一小塊泥土。「接受死亡對一個人來說有什麼意義呢？」

「如果家人能夠理解死亡，不是更好嗎？如果他們能握著親人的手，唱歌給他聽，表達對他的愛，情況會如何？他們可以感謝親人成為自己生命的一部分，分享彼此對對方的意義。倘若臨終之人也能坦然接受命運，無懼地邁向另一個世界，該有多好。家人可以祝福他順利進入下一階段，無論這對逝者來說意味著什麼。這樣的告別會更加圓滿。」

「聽起來確實更好，那為什麼我們不這樣面對死亡呢？」

「因為大多數人都懼怕死亡，難以接受自己或親人總有一天會死亡的事實，希望這不是真的，祈禱死亡不會降臨。這麼做是沒有用的，就像祈禱星期一早上不要到來，但它終究還是會來。再多的祈禱也無法阻擋死亡的腳步。我們社會長久以來對死亡話題的迴避，無形中助長了大家對死亡的恐懼，這是不對的，因為死亡對我們每個人都蘊含著深刻的意義。我不相信地獄存在，也不認為有誰會審判你。對我來說，死亡不過是生命形態的轉變。」

「我還是無法接受我的家人都會死亡。」我倔強地說道。

「所以，你一直在逃避現實。」外公放下手中的工具，將雙手搭在我肩上，凝視我的雙眼。「你要知道，每個對你來說具有特別意義的人，終有死亡的一天。也許是今天，也許是四十年後，誰也說不準。這種未知正是生命的奧妙所在。問問自己，如果沒有他們，你的生活會變成什麼樣子？單單這個問題，應該就能讓你理解失去他們的生活會有多麼難過。接受他們總有一天會離開人世的事實，不要以為那是很久以後的事。把每次見面都當成最後一次，這樣才能珍惜相聚的每一刻。想對他們說什麼，現在就說，不要留下遺憾。趁他們還建在、還充滿活力時，傾訴他們對你有多重要，或許你也能聽到自己在他們心中的分量。」

「我覺得你說得很有道理……但這個話題還是有點難以啟齒。」

「的確如此，但你應該多談論這個話題，打破這個我們共同遵守的禁忌。生活有時很殘酷，我失去了許多看起來很健康，卻突發心臟病或中風離世的朋友。我很幸運，因為我一向坦誠地表達情感，早就讓他們每個人知道我有多重視他們。只有這樣，他們才會知道自己對我有多重要。」

「外公，這樣真好！那你在他們過世時應該不會太難過吧？」

「別誤會，我還是會難過，重點在會不會感到遺憾，是否該說的話都說過了，讓他們知道我有多愛他們。」

「應該有人希望自己永遠活著吧。」

「肯定會有人這麼想，但我讀過一個故事，之後就徹底打消了這種念頭。故事是這樣的：有個人在一處隱祕的山谷深處發現了一口神祕的水井，上方的牌子寫著：『飲此水者得永生』。

「那人欣喜若狂，把裝滿清水的木桶拉上來，用綁在桶子上的小杓子舀了一瓢水。正舉到嘴邊準備喝下時，一隻棲息在附近樹枝上的烏鴉輕咳一聲，問道：『你確定要永生？』那人望向烏鴉，只見它翅膀折斷，一隻眼睛不見，喙缺了一半，腿也是畸形的。那人問烏鴉發生了什麼事，烏鴉回答：『很久很久以前，我喝了木桶裡的井水，之後我每天都祈求死亡，渴望安寧。但我死不了，只能永遠忍受這副殘破的軀體。』那人注視著烏鴉，放下了手中的杓子。」

我沉思片刻，誰會願意永遠背負著衰老的身軀活著呢？「你的意思是，死亡是一件好事嗎？」

「沒錯，但前提是你要活得精采，盡情揮灑自己的生命。之後，當生命走到盡頭，就坦然接受。」

「我從沒想過要活太久，聽起來不太吸引人。」

我沉默思索著這件事，最後問道：「還有什麼是我們應該接受的呢？」

「傑克，還有財物。你在人生旅程中收集的一切不過是物品罷了。好好享受那些帶給你快樂的東西，但也要接受損失或遺失的可能性。對財物的過度執著會束縛人的心靈。『小心，那張地毯很貴，鞋子脫掉，別把咖啡灑在上面。』地毯的重要性被提升到遠超過它實際價值的程度，家人還會因為弄髒地毯而受到責備。這就是財物的影響力。家裡有了這些所謂的貴重物品後，可能會讓我們的生活都圍繞著它們打轉。」

「外公，媽媽就是這樣，總是叮嚀要小心這個、小心那個。」

「我知道。對一塊金屬或玻璃製品過於在意，實在沒有必要。有個朋友曾給我看他曾祖父的手錶。他覺得那隻手錶非常珍貴，於是把它鎖在保險箱裡，還跟我說只能看不能摸。實在是太荒謬了。若想讓那隻手錶展現價值，就應該拿來配戴，壞了就壞了，就算丟了也無所謂。把它藏起來，誰也無法欣賞。不該讓財物主宰你的生活。它們只是你在人生旅途中收集到的物品，不值得讓你因此失去朋友或家人。財物生不帶來死不帶去，盡情享用就好。」

「生活有時候好像很複雜。」

「確實如此。要接受生活會在你最意想不到的時候給你驚喜。」

「給我驚喜？」

「是的。生活大多遵循著一定的規律。上班、回家、吃晚餐、和家人一起放鬆。這是多數人的日常生活。」

「那麼，驚喜在哪裡？」

「任何打破生活慣例、令人煩惱或驚訝的事。你可能會摔倒、生病、寵物受傷、屋頂被暴風雨掀翻、鄰居不請自來，這些事情會讓人心煩，因為大家很難應對這種變化。要接受生活中總會有意想不到的事情發生。」

「外公，我明白了。『接受』適用於我們所知道的一切。」

「傑克，你說對了。**一旦接受生活中既有歡笑也有痛苦，一切就變得容易多了。遭遇痛苦時，要知道事出必有因，也蘊藏著成長的契機**。有時需要出差錯，才能激發你去嘗試新事物，進而提升自己。快樂時也是如此。這就是為什麼理解『沒有什麼是永恆的』非常重要。好日子不會永遠持續下去，壞日子也不會。它們像鐘擺一樣來回擺盪。當生活順遂快樂時，就接受這份美好，但也要知道快樂不會永遠持續下去。這是不可能的。當痛苦再度來臨，你會做好心理準備，也能坦然面對。」

「你的意思是，接受事情可能、而且一定會出差錯，這樣當生活變得痛苦時，壓力也會小一點？」

「傑克，就是這樣。訣竅在於理解和面對。當事情真的出差錯了，不妨在心裡暗自竊喜，因為你早就料到會有這麼一天。」

新輪胎裝好了。外公說得對，雖然爆胎耽擱了一些時間，也影響了我的心情，但從「只要是輪胎就會爆胎或磨損」的角度來看，這似乎也不是什麼大不了的事。

「外公，我們去個特別的地方吧！」我說道，急於把這段小插曲拋在腦後。

「好，我會帶你去。不過在那之前，我得先去一個找了很久的地方。拜託，別問我要去哪裡。」

外公平常不會這樣說話，所以我決定不多問。反正我也不趕時間，便靠坐在椅子上，沉浸在自己的思緒中。

STOP 15

通往真理之路

面對真實的自己，逃離虛幻的夢想和欺騙

我似夢似醒，思索著這趟旅程將如何影響我的人生，而我又將帶著哪些領悟和教訓回到現實世界。外公一直是我的精神導師，雖然我知道他和父親共同塑造了二十一歲的我，但直到此刻，我才開始了解他那細膩的引導方式：鼓勵我獨立思考，卻不過度左右。回想和外公的那些對話。當時我以為我提出的問題他答不出來，如今才明白，他是在引導我深入內心，尋找屬於自己的答案。他總是不著痕跡地追問，檢視我的思考脈絡，確定我的想法是朝積極的方向發展。

我們經過一棟燈火通明的大樓，樓頂有個發光的綠色三角形，不禁使我想起在網路上看過的拉斯維加斯賭場。二十分鐘後，再次經過那棟建築。外公放

慢車速，仔細查看著每條街道的名稱。透過後視鏡，我聽見他在喃喃自語。

「你迷路了嗎？」

「沒有，傑克，我在找一個地方。」

「走公路吧，比較好開。」

「不行，孩子，我要找的那條路不在公路旁，我之前查過了。」

接下來三十分鐘，我們一直在繞圈子。外公變得越來越焦躁，伸長脖子、上下打量每條小巷，嘴裡不停嘀咕著。

「外公，讓我幫你吧。」

他再次轉動方向盤。「走這條路試試。」

「你已經開過這條路了。告訴我街道名，我幫你找。」

外公輕哼一聲，停下巴士。

「我想幫忙。」我堅持道。

「傑克，我也希望你能幫忙，但這不是你該去的地方。我這輩子都在找這個地方，卻怎麼也找不到。」

「是什麼地方？」

「通往真理之路，無數人在尋找卻找不到的地方。」

「太好笑了。」我大笑起來，怎麼也停不下來。

「有什麼好笑的？」

「它一整晚都在我們旁邊啊，」我捧著肚子笑道，「我一直看到它，就在樹後面那裡啊。」

「傑克，你一定是看錯了。」

「才沒有呢！」我擦了擦眼睛，指著旁邊說：「就在中央分隔島旁邊那條岔路。」

「不是那條，如果是的話我一定認得出來。」外公繼續搜尋，甚至駛入了幾條死胡同，最後疲憊不堪，將車停在路邊。「再這樣找下去也不是辦法，」他說，聲音漸漸低沉，「還不如待在大圓環那裡呢。」他打了個哈欠，伸了伸懶腰，然後用手帕擦拭額頭。

「為什麼不讓我來開？」

外公皺了皺眉。「我不確定這樣做合不合適。」

「你不相信我能找到這條神祕的通往真理之路，對吧？可是你說過，當一個人需要幫助時，其他人應該幫他掌控局面。」

「你說得對，我確實這麼說過。傑克，你會駕駛巴士嗎？」

「我試試看。我開過拖拉機，駕駛巴士應該也沒問題吧。」

「好，那就盡力而為，反正也沒什麼損失。」

外公挪到副駕駛座，換我負責駕駛。這輛巴士彷彿就是為我量身打造。我調整座椅高度，讓自己能舒適地踩到踏板。轉動鑰匙，巴士轟隆隆地啟動了。

「小心駕駛，注意路上的其他車輛。」外公提醒道。

我輕踩油門，小心翼翼地往前開。「開起來很順手呢。」

大約過了一分鐘後，外公明顯放鬆下來。「你的駕駛技術進步不少，一定是我教得好。」他咧嘴一笑，「傑克，帶我去通往真理之路吧。」

「我先熟悉一下。」我將巴士駛向一片樹林。「那條路就在樹林那邊。」

我鬆開方向盤，讓巴士緩慢前進。

外公倒抽一口氣。「小心，你會撞車的。」

我舉手示意他安靜。「有時候需要放手。」我說道，感覺自己比實際年齡成熟許多。「一定是這地方影響了我。要相信你的巴士會找到路的。」

巴士駛上路邊，顛簸了一下，我們被震得東倒西歪。

「傑克，人行道上有人！」

「我看見了。」

就在即將撞上行人之際，巴士忽然減速，搖晃著穿過樹籬間的一道縫隙，駛上這趟旅程中最寬闊的道路。耀眼的白光照亮了整條筆直延伸至遠方的路面。

「外公，你看！這條路好寬哪，路上也沒幾輛巴士！」

外公微笑道：「做得好，孩子。這條路就是那些巴士一直在尋找的地方。」

「為什麼他們找不到呢？」

「因為這是通往真理之路，一個許多人在尋找卻很少人找到的地方。」

我看著眼前的景象徐徐展開，風景美不勝收，建築完美無瑕。人行道上花團錦簇，公園裡擠滿了歡笑嬉戲的人群。我讓巴士自行駕駛，走到後座，擦去窗上的霧氣。道路一片寧靜。我返回駕駛座。

「這裡沒有我想像中那麼繁忙。」我說。

「確實沒有。但是……總有一天會的。」

「為什麼這裡這麼安靜？」

「問得好。為什麼大家不追求真理？為什麼他們過著虛偽的生活，表面上讓別人相信他們是好人，背地裡卻在算計？為什麼他們不試著過一種忠於內心的生活，那種能給你一切的生活？」

「一切？」

「沒錯。只要想找這條路，就一定能找到，但太多人卻浪費生命去欺騙他人。」

「為什麼呢，外公？」

「因為他們無法面對真實的自己，所以寧願活在虛幻的夢想和欺騙之中，而不願追求內心的真理。對得到生命這份禮物的任何人來說，這是莫大的悲哀。如果他們跟隨自己的心，就能找到更美好的生活。」

「為什麼我能看見通往真理之路，而你卻看不見？這說明了什麼？」

「這說明了你的純真。到目前為止，你沒有受到他人或社會的敗壞影響。你接納事物的本質，不像我那麼在意他人的閒言碎語，過著違背本心卻符合社會規範的生活。**你能看見通往真理之路，是因為你過著忠於內心的生活。**」

「為什麼你找不到這條路呢？」

「我告訴過你我的故事。我本來過著什麼樣的生活，又因為什麼改變，但我還是過著一種不忠於自己的生活。」

「那你為什麼還要來這裡？」

「我必須去那座噴泉一趟，想坦白一些事情。」

「外公，你說的是哪一座噴泉？」我揮動手臂，在空中劃出一道弧線。道路兩旁排列著數百座噴泉。

「看到的時候就知道了。」他自信地說，「傑克，就像我們那棵樹一樣，一眼就能認出來。」

我更改顯示牌上的目的地：「真理泉」。

巴士彷彿有了自己的生命，行駛了幾百公尺後停在了一片昏暗的區域，旁邊是高聳的樹籬。

外公望著我。「有時候，跟一個比自己聰明的人一起旅行有很大的好處。我很慶幸你在這裡，否則我可能得找上好幾個小時。」

「我陪你一起到噴泉那裡吧。」

「不行，傑克，這是我自己的事。我的生命旅程帶我走到了這一刻。最後這段路，我應該獨自完成。」

外公走下巴士。前方矗立著一座巨大的噴泉，周圍聚集了成千上萬的人。水流從天使和神話生物的雕像中噴湧而出，在紅色、紫色和綠色燈光的映照下熠熠生輝。噴泉氣勢磅礴，令人讚嘆。外公清了清略感乾澀的喉嚨。

「去吧，外公，別猶豫了。」我鼓勵道。

外公略顯遲疑地走向人群，不久便消失在人海中。時間一分一秒過去，我開始感到焦慮，內心掙扎著該繼續等待，還是前去尋找他。我知道他不會有事，或許正和他人交談。我又觀察了人群半小時，正準備起身尋他時，就看見他出現在車門口，臉上洋溢著笑容。

「外公，我還以為你改變主意了呢。」我邊說邊走下臺階迎接他。「你去了好久，我都開始擔心了。真理泉跟你想像的一樣嗎？」

「是的，傑克，甚至遠超出我的想像。」

「能告訴我發生了什麼嗎？」

外公思索片刻，然後點了點頭。「我當時口渴了，發現在離大噴泉不遠處，有一座嵌在牆裡的小噴泉，上面有個獅頭裝飾。我彎下腰，按下壓桿，冰涼的水湧入口中，感覺清爽極了。我一連喝了幾口，目光落在那旋轉著流進排水口的水流上。這時，我聽見一個聲音直接從噴泉傳來。『你終於找到我了。』它說。

「我退後一步問道：『你是誰？』

「『我是真理，』噴泉回答，『你一直在尋找的真理。』

「『不可能，我看得到那邊的噴泉。』

「『哈！我是為了那些需要假象、需要在生活中裝模作樣的人，才把那座大噴泉放在那裡的。即使已經來到我的門前，他們還是懷疑我的存在。他們不是真正的信徒，也永遠不會是。所以我給他們一座噴泉，來滿足他們膚淺的需求。』

「我不知該不該相信它的話，便問道：『我怎麼知道你就是真理？』

「『你不會知道，但你應該認得我。我聆聽過你的心聲，也曾在你呼喚時見過幾次面。』

「我連忙道歉，並向那聲音保證我不是懷疑它的存在。我仔細端詳噴泉那塊小牌匾上的刻字：『致所有追尋者：你將在寂靜中找到真理』。

「『你有什麼問題想問我嗎？』那聲音問道。

「我思索片刻，問道：『為什麼我無法過著忠於自己感受和信念的生活？』

「噴泉開始發光。『你們這一代的人沒有這種機會。你們的日常養分是愧疚感。你們的父母沒有用開放的心態教導你們，也沒有幫助你們去追尋真理。他們在你們心裡灌輸偏見，而這些偏見也是他們從小學來的。他們從沒問過你們的想法。他們的出發點是好的，但方式卻大錯特錯。』

「我點點頭。『我察覺到這種情況後，曾試著反抗，不過那時已經有點太遲了。』

「『沒錯，你確實努力過，但你始終無法邁出最後一步，因為你不夠相信自己。別自責，來這裡的人大多是有污點的。那些有獨立思考能力的人，早已看出問題所在，並開闢了自己的道路。而那些與社會觀點不同的人，為了生存及避免遭受排擠，不得不過著虛假的生活。重要的是，你覺醒了。你改變了自己的想法，並努力修正自己的立場。這就是你來到這裡的原因：因為你明白了其中的差異。我在這裡，是為了消除你的疑慮。現在，你可以完成你的旅程了。再喝一口我的水吧，它會讓你的思緒更加清晰。』

「我又喝了些水。冰涼的水湧入體內，一股能量在血管中奔流。我的思緒變得清晰，對是非對錯有了真正的領悟。我甚至用噴泉洗手。『謝謝你幫助我，』我說，『人生從來沒有這麼清晰過。』

「『這就是我想給予的：清晰。請將這份清晰傳遞下去。確保你的孫子學到你沒學到的東西，告訴他要遵從自己的內心。』」

外公講到這裡停了下來，我們四目相接。他把手放在心窩，向我點了點頭。那一刻，我們之間有種心照不宣的默契。

「後來呢？」我輕聲問道。

「我告訴噴泉，你已經超越我了。」

「我明白了。」我說。

「噴泉告訴我，它不希望有人知道它真正的位置，這樣只有真正的追尋者才能找到它。」外公繼續說道，「它指示我到中央噴泉前站一兩分鐘，做個樣子。我走到大噴泉前，許多人到那裡喝水，有人尖叫著、顫抖著，向後倒去，由他人接住。我搖了搖頭，看著這些追尋者製造虛假而過度誇張的場景，佯裝自己找到了真理。我知道這不是真正的真理。我的眼睛是雪亮的。然後，我就回來了。」

我隔著車窗凝視大噴泉，尋找那座隱藏的小噴泉。「我能去那裡嗎？」

「今天不行，等時機成熟時再去吧。」

「好，那我以後再去。」

「設定目的地吧，我們該走了。」外公把帽子往後推了推，拿出手帕擦拭額頭。他站起身，查看目的地顯示牌的滾筒，上面印滿了地名。

「外公，裡面的目的地還夠嗎？」

「傑克，這就是生命的美妙之處。你可以一直尋找新的目的地，或者不斷改變方向，直到生命的盡頭。你有無限的選擇。」

「不完全是吧。在選擇方面，我還挺受限的，要管理農場什麼的，一大堆事情。」

外公凝視著我。「孩子，不是這樣的，是你自己限制了自己。」

我看著他，不太明白他的意思。他轉動了目的地顯示牌。

「外公，你選了什麼地方？」

「一個能幫助你做出更好選擇的地方。」

我跳下巴士，繞到車前。外公微笑著俯視我。我的目光看到了下一個目的地：「家庭愧疚感」。

STOP 16

家庭愧疚感

生命中每分每秒都陪著你的人，只有你自己

我們沿著道路前進，車流比之前稀疏了許多。

「外公，你有沒有注意到，越接近目的地，出現在車上的親朋好友就越多？」

外公抬頭望去，看見坐在他後方座位上的乘客，便向他們揮了揮手。「孩子，我注意到了。這表示我在他們心中占有一席之地，他們都牽掛著我。」

「知道有人惦記著自己，總讓人有種自己何德何能的感覺。」

「在這種時刻，家人總是會團結在一起。他們得知我住院的消息後，便互相聯繫，傳遞這件事。有些人已經很多年沒說過話了，我的情況拉近他們之間的距離，讓他們重新意識到家庭的重要。」

「他們一定很關心你。」

「我相信是的，就像我也很關心他們。」我嘆了口氣。「我猜等我回去後，媽媽一定會唸我一頓，還會訂一大堆新規矩。」

外公笑了。「這是人之常情。保護孩子是母親的本能，她認為自己最了解你，而事實可能也是如此。」

「她想要我上大學，學習農業，說這樣可以防止我到處漂泊。」

「那是你想做的事嗎？」

「應該是吧。媽媽和爸爸總是說些『等你接管農場時……』之類的話。」

「嗯，如果你喜歡待在戶外修理機械和勞動，那麼這樣的生活就還不錯。但你捫心自問：這真的是你想要的嗎？」

「我也不知道。就像你一樣，我一直想去旅行。我不喜歡被綁在一個地方。」

外公凝視著我。「這確實很難決定。你的生活從來不屬於你自己，尤其需要照顧牲畜和農作物。你很清楚做這些事得花多少時間。」

「但如果我不當農夫，媽媽和爸爸會很失望。我們的農場已經傳承好幾代了。」

外公點了點頭。「他們肯定會失望，但你不能因為世世代代都務農，就理所當然地認為也應該繼承衣缽。這種家庭壓力是不公平的。我聽說過有些朋友會對孩子施壓，說他們的兄弟姊妹考試都考九十分以上，所以他們絕對不能考不及格或得低分，免得家族蒙羞。這對任何人來說都是沉重的負擔。就像一個家族世代從軍，或全是律師或醫生，這些家庭強迫孩子選擇特定的職業。你要追隨自己的夢想，傾聽內心的聲音，而不是屈服於他人的期望。你也許想當農夫，如果是這樣，那很好。如果你更想做別的事，那就去做能讓你快樂的事。這是你的選擇、你的人生、你的幸福。」

「如果不接手家庭農場，我會覺得很內疚。」

「傑克，這就是問題所在了。愧疚感是家人施加在你身上最大的枷鎖。不要落入陷阱，屈服於這種壓力。父母很容易利用愧疚感來左右你，質問你如果不接手農場，那誰來經營？他們會告訴你，這片土地已經傳承了四代，如果你不接手，將失去家族聲譽，多年來建立的一切也將付諸東流。」

「如果我不接手，這些不是真的會發生嗎？」

「這意味著改變，但不代表沒有其他選擇。你的父母可以賣掉農場、退休，搬到農場外的小屋居住。也可以聘請專業經理人，或者將農場租給其他農夫。經營農場這件事不一定非得落在你肩上不可。」

「我知道，但爸媽能理解嗎？從小到大他們老是提到這件事。」

「因為這是他們期望的結果。他們還會用更多的愧疚感來影響你，比如說你的曾曾祖父會在墳墓裡不得安寧。傑克，記住了，你的曾曾祖父活在一百多年前，是你從沒見過的人，早在你出生前就去世了。但他選擇務農的人生決定，卻可能被用來左右你今天的人生方向。這不是很荒謬嗎？如果你真的認識他，說不定根本不喜歡他。還有一點值得思考，這位遙遠的先祖可能也曾後悔選擇務農，也許他打破了他曾曾祖父的傳統，沒人告訴你他開始務農時打破了什麼家族傳承。也許他的家族本來是航海世家，而他改變了方向。他可能放棄了航海生活，想要在陸地上工作。他的家人可能因此厭惡他。但無論他做了什麼，都是為了自己。你必須為自己的人生做出正確的選擇，無論這麼做會帶來多大的痛苦。別活在逝者的夢想裡。」

我發現自己居然流淚了。外公的話深深打動了我。我幾乎已經接受自己注定要經營農場的命運，現在看來，似乎還有選擇的餘地。我可以和父母討論我的未來。有一點可以確定的是：如果我有孩子，我會讓他們選擇自己想要的生活，絕對不會強迫他們繼承家業。

「外公，謝謝你。真希望媽媽或爸爸能跟我討論這件事。我接受了這個命中注定的安排，因為我不想讓你們任何人失望。」

外公伸手抓住我的衣領，直視我的眼睛。「你選擇自己的方向這件事絕對不會讓我失望。人生是你自己的，你為自己設定的目標不該受到任何人控制。記得，太多人過著不適合自己的生活。他們被困住了，對家庭懷有強烈的責任感，這在某種程度上是可以理解的。畢竟，他們一出生就受到家庭的照顧。但當你來到世上，並沒有簽訂任何契約說他們撫養你、為你付出，是為了讓你把餘生都奉獻給家族事業。且其他那些沒有子嗣的企業主，則會出售他們的事業。這有什麼差別嗎？」

「外公，我懂了。說到職業，我應該找到熱情所在，做自己真正喜歡、真心嚮往的事。如果想接手家族事業，那就去做；如果不想，也應該追尋自己的夢想，同時幫助家人找到解決方法。」

「傑克，你說到重點了。」

我感到如釋重負。「真高興我們一起踏上這趟旅程，」我笑著對外公說。

「傑克，我也很高興。接下來幾年，這將是困難的抉擇。我只想給你一個忠告，那就是遵從自己的內心。忘記我們所有人的選擇，做對你而言正確的事。如果為了取悅他人而妥協，你會厭惡自己的生活，有一天你會坐在那裡質問為什麼背叛了自己。在人生大事上，千萬不能委曲求全。跟他們解釋這一切對你的意義，或許能全身而退。你可以期望父母開明豁達，接受你對生活的期許，並支持你的決定。但記得，**無論你多麼努力，也很難讓所有人都滿意。如果你能讓自己快樂，至少會有一個人感到幸福，你是自己生命中最重要的人。**你必須明白這一點，並活出這樣的人生。」

我反覆思量外公的話。「如果我只求讓自己高興，這樣不是很自私嗎？」

「傑克，生命中唯一每分每秒都陪著你的人，只有你自己。如果你覺得替自己的未來著想是自私的，要這樣想也不是不行。但有一天，你的父母都會離開人世。你可能會有四十年時間活在沒有他們的世界裡，那麼，為什麼還要費盡心思去取悅他們？屈服於家族的要求，將使你錯失許多令人興奮的體驗，無法用自己選擇的方式展翅高飛。傑克，千萬別忘記今天的談話。你必須問自己那個重要的問題。」

「這是我真正想要的嗎？」我說。

「完全正確。這是我真正想要的嗎？如果不是，就不要去做。你的選擇必須讓你的靈魂起舞，讓你的心靈歌唱。如果你不盡情活著，就是在浪費生命這份禮物。」

「我需要更深入思考，審慎地做決定。我不想破壞家庭和諧，淪落到無家可歸、只能投靠朋友的地步。」

外公放聲大笑。「別傻了！不會有事的，但還是要和朋友保持密切聯繫，以備不時之需。」他對我眨了眨眼，「你知道嗎？這個話題我們還沒好好討論過呢。」

「什麼話題？」

「朋友和友誼。我們去那裡吧。」

他再次轉動操縱桿顯示著：「朋友」。

STOP 17

交友之道

追隨你的夢想，與善良的人同行

接下來一小時左右，外公的幾位朋友陸續登上他的巴士。每當他們向他揮手或拍拍他的肩膀，外公總是報以微笑。在這些朋友當中，許多人都是外公自幼相識的老友。

「外公，我看到你的朋友都來了。」我說。

「是啊。朋友很重要，有時甚至比家人還重要。」

「真的嗎？」

「當然。你不能選擇家人，你一出生就是那個圈子的一分子。我們有些任性的表親，嗯……姑且稱他們為『古怪』吧。你我心知肚明，如果不是家族聚會，我們根本不會想跟他們來往。但朋友不同。你會希望他們成為自己生活的一部分，會想跟他們一起消磨時光。」
「確實如此。」
「有些朋友或許會在你生命中來來去去，但當你需要他們時，他們永遠都在你身邊。你會和他們共創許多最美好的回憶。初次相遇時，你們會覺得相見恨晚。對那些找到真正朋友的人來說，人生確實很美好。」
「希望我也能找到這樣的朋友。」
「一定會的。聽從你的直覺，但也要做好有時可能會看錯人的心理準備。或許你一開始很欣賞某個人，後來卻發現對方言行不一。這時要盡快擺脫對方，請他離開，這一點很重要。」
我心想，要開口請一個曾經親近的朋友不再來往，那場面必定十分難堪，於是我請教外公。
「或許會有些尷尬，但如果讓他們在你的巴士上逗留太久，只是徒增痛苦，使關係更加緊張。要果斷做決定，問自己這份友誼是否真摯。如果不是，就讓他們離開吧。答應自己把那些讓你不舒服的事物從生活中剔除。負面能量越少，生活的壓力也就越小。」
「光是打理農場就已經帶給我很大的壓力了，實在不需要負面的朋友。」

說實話，我無法想像自己當初為什麼會和這種人結交，但外公說得對：在剛成為朋友的階段，或許很難看清楚一個人的品行。

「這樣很好。當你找到真正的朋友，就要珍惜一輩子。那些和你一見如故的人，就像金沙一樣珍貴。真正的朋友永遠都不嫌多，但對大多數人來說，幾位知心好友就夠了。」

外公的話令我感到困惑。他可是有好幾百位朋友的人啊！無論我們走到哪裡，總會有人停下與他寒暄。「外公，你朋友超多的，肯定不只幾十個吧。」

外公笑了。「你把善意的往來和真摯的友誼混為一談了。你可以和好幾百人保持友好關係，但真正的朋友不是那些只會在街上停下來和你寒暄的人，也不是那些在你落魄時避不見面的人。**真正的朋友會在你遭逢巨變、跌入谷底時出現，會竭盡所能地幫助你**。這才是真正的朋友。那些泛泛之交只會告訴別人聽說你遇到了麻煩，卻不會到你家來關心你。這是一個很重要的區別。」

「外公，我有幾個特別好的朋友。」

「真好。追隨你的夢想，與善良的人同行。只要走在正確的道路上，你的巴士將永遠座無虛席。朋友和家人會在你的巴士上來來去去，你的親人會以他們獨特的方式陪伴你，你能感受到他們的存在。你的責任，就是獻上祝福，在朋友的人生旅程中陪他們走上一段，幫助他們實現生活的理想。付出越多，幫助的人越多，你的人生就會越充實。」

「好比說抽空幫朋友處理一些雜務，例如修建籬笆之類的？」

「沒錯。不過要記得，難免會有些你不喜歡的人登上你的巴士。這是人生常態。你不可能喜歡所有人，也不可能讓所有人都喜歡你。生活就是這樣，要學會接受。果斷做出決定，揮手和他們告別。不需要為這種事煩惱。」

「我會專心經營那些願意支持我的朋友。聽起來，他們會是我在人生旅程中最寶貴的助力。」

「說得對極了。傑克，下一站要去哪裡？」

「我不太確定。」我努力回想目前去過的地方。外公的手指在方向盤上輕輕敲打。我看著他重新設定目的地顯示牌：「掌控人生」。

STOP 18

掌控人生

人生的終極課題，在於不斷地做決定和學習

「傑克，做決定吧，別再猶豫了。」

「嗯。」我凝視著遠方，「我不確定該去鬧區還是遠離喧囂，又或者去一個更熱鬧的地方，所以想請你來決定。」

「傑克，這不是我該決定的事。重點是你自己想去哪裡？我這一生已經做過幾千個選擇，現在我的時間所剩不多，所以我更希望由你來決定。」

我指著遠處的一排燈火。「好吧，外公，就去那個燈火明亮的地方吧。」

「做得好，你終於做出決定了！這表示你掌握了主動權。重要的是，你要知道你每一刻的狀態，都是在那之前做的每一個決定所累積而成的。每一步的發生，都是前一步的結果。你今天之所以是這個樣子，是因為你十年前、去年

或今天所做的決定。許多看似微不足道的選擇，卻能以最出人意料的方式改變一個人的人生。」

這不是我第一次納悶外公怎麼這麼有智慧。「如果當時我在醫院裡沒有握著你的手，這一切就不會發生了。」我若有所思地說。

「沒錯。你決定握住我的手，事實證明這個選擇意義非凡。你覺得這趟旅程值得你這麼做嗎？」

「當然值得。這是一次徹底改變人生的經歷。在這趟旅程之前，我對未來一片迷茫，但現在我已經知道自己前進的方向。現在我能夠設定自己的目的地顯示牌，讓我的巴士朝著正確的方向前進。我的人生似乎豁然開朗了許多。」

「太好了。能做自己的主人是你的優勢。許多人無法為自己做決定，甚至連方向都確定不了。他們在A點和B點之間徘徊不定，卻從不知道C點才是他們真正的目標。」

「我很喜歡你的比喻。」

外公笑得合不攏嘴。「謝啦。你的人生方向和遠大抱負，都源自於每天做的那些平凡瑣碎的決定。什麼時候起床？要不要整理床鋪？要不要做那些粗糙乏味的家務？但許多人卻躺在床上糾結該何時起床。他們不整理床鋪，也不整理家務。家中凌亂不堪，這讓他們感到困惑。這種瑣碎的事就壓得他們喘不過氣來，甚至連家門都踏不出去。如果連這些小事都處理不好，更無法做出改善生活的重大決定。」

「外公，你真的覺得這件事就這麼單純嗎？」

「是的。這個世界上，許多人無法掌控自己的人生。我知道這聽起來很荒謬，但如果連決定都做不了，就永遠無法前進和成長。」

「如果自己做的每個決定都是錯的呢？」

「絕不可能。如果連成功人士都不可能每次都做出正確的決策，那麼可想而知，較不成功的人也不可能每件事都做錯。這是個機率遊戲。你或許會意外地發現，成功人士做錯的決定比我們大多數人還要多出許多。」

「不可能吧。如果是這樣，他們早就失敗了。」

「你講到重點了。成功人士也會失敗，而且機率相當高。差別在於，他們能夠對自己負責，會權衡每個決定的風險。他們知道，做的決定越多，從中汲取的教訓也能讓他們進步得越快。他們不斷前進，從不退縮。如果一件事行不通，他們就從中學習並加以改進。」

「怎樣才能做出更多正確的決定？」我問道。

「啊，這就是人生的終極課題了。不斷做決定，不斷學習。」

我思索外公的話，其中必有幾分道理。他說得沒錯，**錯誤的決定能讓你知道哪些作法行不通，但同時也幫助你重新聚焦，換個方式再次嘗試**。我想起自己在農場做的決定。每次出錯，我都會換個方法再試一次，免得自己看起來很笨或浪費錢。從錯誤中學習確實是有道理的，只要我理解錯誤的原因並坦然接受失敗。現在我確信，做的決定越多，生活就會進步得越快。

外公打斷我的思緒。「無論你的目標是什麼，都不重要。你的任務可能是步入婚姻、購置房產，或是在職業生涯中更上一層樓。掌握主動權，果斷採取行動。約心儀的對象共進晚餐，去還是不去？升職機會，爭取還是放棄？房子的訂金，支付還是觀望？每個決定都是經過衡量的風險，卻是向前邁進的必經之路。有時你會前進，有時會後退。這兩種情況都是進步。要相信你的直覺。」

「你是說像內心的想法嗎？」

「對，還有你內心深處的感受，面對情況時的第一本能反應。很多時候，身體或心靈會告訴你該謹慎行事，還是勇往直前。」

「你是說我該相信自己。」

「沒錯，永遠都要相信自己。別讓別人替你決定，要自己做決定。**試著不**

要害怕決定的後果，這將成為你最大的優勢。如果你能接受自己不可能每次都做出正確的決定，人生就會變得輕鬆許多。要明白，雖然錯誤的決定可能讓你腳步放慢，但絕不至於阻礙你邁入下一個階段。如果上司不提拔你，就要做另一個決定：要留在目前的公司，還是另謀高就？如果選擇留下，就要評估未來升職的機會多大。如果雇主表示沒有機會，就得決定去留；如果他們承諾兩年內會提拔你，就要考慮是否願意耐心等待。你走的每一步都導向下一個決定。這就是人生的運作法則，也必須如此。你的整個人生，就是由一個個決定串聯而成，永遠不會停止。」

「外公，我準備好了。我明白掌控人生和規畫目標有多麼重要。以前我總是擔心失敗，但現在我知道，失敗也是進步的另一種方式。」

「傑克，你真是太棒了。要常問自己：這個決定讓我感覺如何？如果感覺良好，那就勇往直前吧。」

我們沿著燈火通明的街道前行，對周遭的燈海讚嘆不已。

「這些燈光照得我都茅塞頓開了。」我打趣道。

外公咧嘴一笑。「真幽默。」

「外公，下一個目的地是哪裡呢？」

「我一直在思考這件事，但我不確定你是不是已準備好前往下一個地方。」
「經歷了這麼多事，我想已經沒什麼能嚇到我了。除非我們要去的地方是全宇宙最好的座位？」
「不，沒那麼快。這個目的地稍微複雜一些，在許多方面，甚至和之前的體驗完全相反。我想帶你去領略死亡與臨終，讓你對生命有更深刻的領悟。」
我的胃頓時一陣翻騰。「這樣不是在挑戰命運嗎？不是應該迴避這個話題嗎？」
「也許吧。」外公嘆了口氣。「或許你說得沒錯。如果你會害怕，或許表示你還沒做好準備。我們應該去別的地方。」
「我不是怕自己死掉。」我頓了頓，皺起眉頭，「好吧，就去那裡吧。」
外公轉動操縱桿，幾乎將那巨大的滾動式目的地顯示板拉到底：「死亡與臨終」。

STOP 19

死亡與臨終

生命不在過去與未來，永遠只有當下這一刻

我望著窗外，略感不安。眼角餘光掠過一座純白大理石天使雕像。巴士放慢速度，我瞪大眼睛想看得更清楚。這座雕工精緻的天使雕像，巍然佇立在一座大型墓園門柱頂端。雕像下方，無數手臂向上高舉，渴望觸及天使。

「外公，你看那個天使，真漂亮。」

「我看過許多次了，這是我最喜歡的雕像之一。」

「能靠近點看嗎？」

「當然可以。」外公把巴士停在墓園停車場。下車後，我們繞著雕像走了一圈，細細品味那精緻的雕工，連最微小的細節也不放過。走進墓園，各式各樣的墓碑和雕刻令我們讚嘆不已。我讀著墓碑上的銘文，許多是為年長者而

設，卻也發現幾座較小的墓碑是為嬰幼兒立的。我從未想過孩子也會死亡。

「外公，這塊墓碑是給一個甚至還沒滿一歲的嬰兒立的。」

「傑克，我知道。有些事情無法用言語來形容。」

「這太……難過了。」我感覺胃部緊繃，努力平復自己的心情，試著從腦海中驅走這些思緒。

「確實如此。很少有比這更讓人心痛的事。遺憾的是，每天都有許多家庭遭遇這種情況。」

「讓我難過的是，這些孩子從沒機會向世界證明自己的價值。」

「是啊，孩子。不過，他們本來就不需要向任何人證明什麼，只需要付出愛和接受愛。重要的是，他們對某些人來說很重要，也曾散播過愛。如果一個人活到一百歲卻不懂得愛，那麼這些孩子或許還活得更有意義。」

我打了個寒顫，雙臂環抱胸前。「現在我真希望我們沒有停車。」

「別這麼說，傑克。面對生命中令人不適的真相，直視這些事實，理解他人承受的痛苦，這些都是很重要的事。你不能忽視這就是許多人身處的現實，也必須學會同理那些痛失幼子的人。對我來說，每座墓園既是悲傷之地，也是幸福之地。」

「幸福？」他不可能是這個意思。

「當然。在這裡長眠的人，都以自己獨特而有意義的方式豐富了我們的世界。每一個人都很重要。這些孩子或許生命短暫，卻也影響了他們的家庭，改變了他們的人生。」

這些話讓我感到不自在。「你不覺得『每個人都能帶來改變』只是一句讓人自我感覺良好的空話嗎？」

外公揚起眉毛，額頭的皺紋顯得更深了。「我不這麼認為。如果你媽從未出生，我的人生就會失去最珍貴的部分。她教會了我許多事，也付出了許多愛。想想所有和她有過交集的人。你不覺得，如果她沒有出現在他們的生命中，這些人會過得比較不好嗎？」

「當然。她一直都有很多朋友，也很樂於付出。」

「沒錯。很多人跟她建立了特殊的感情羈絆。如果她沒有來到這世上，我們社區就會失去一個非常重要的人，你不會出生，你爸也不會出現在我的生命中，因為他是在愛上你媽媽之後，才成為我們家庭的成員。你媽媽對我們家庭、社區和這個世界，都產生了深遠的影響。試著理解，每個來到這個世界的人，都對周遭的人有著重要的意義。」

「聽了你的解釋，現在我明白了，」我承認道，「我想，只有當你意識到如果某個人不在了，生活會變成什麼樣子，才能真正明白他們的存在有多麼重要。」

我們走回巴士。外公指著身後的墓園說：「來墓園時，要覺得自己是漫步在一座開滿美麗花朵的公園裡。這些靈魂有幸能一起在這裡長眠。別哀悼，別讓這裡成為悲傷之地，別把這裡看成可怕或恐怖的地方。試著把它看作一處美麗的地方、一個充滿美好回憶和故事的公園，訴說著那些勇敢活過的人們的故事。走在墓園不必壓低聲音。放聲歌唱吧，和這片墓園一起讚頌生命和死亡。」

外公坐上駕駛座，發動巴士，沿著道路前進。

「外公，我還是不太明白讚頌死亡這部分。」我喃喃地說。

「你會明白的。你能經歷到最美好的時刻之一，就是當你完成人生旅程的那一刻。你誕生在這個星球，就是要過著精采充實的人生，幫助家人和他人實現目標。當旅程結束時，希望你心懷善意，活得有意義，也願你已經愛過許多對你具有重大意義的人，同時準備好迎接死亡。」

我還是不懂。「但人死了就什麼都結束了啊，怎麼還能說要慶祝呢？」

「當你的旅程結束時，就是要前往另一個層次的時候了。死亡帶走了世界上老邁、虛弱、病苦的人，新生則帶來了懷抱新思維和抱負的年輕人。這就是生命的循環，永遠都在進化。」

「為什麼我們必須不斷進化？」

「每一個新的世代都帶來了新的方式。更進步的科技、更深刻的理解和新穎的想法。如果沒有人死去，長者就會用他們的方式來維持這個世界，不願接受改變。因此，讓長者安然離去，讓下一代提出他們的想法，才是更健康的狀態。這是完美的循環，但願這種方式永遠持續下去。」

「如果下一代的方式並不好呢？」

「父母應該為孩子感到驕傲，因為他們勇於挑戰現狀，以前所未有的方式嘗試新事物。父母應該向年輕一輩學習，而不是對他們頤指氣使。總有一些生活方式值得保留，但新思維是進步的必要條件。」

「我想也是，只是人總有一天會死這件事，還是讓我想到就怕。」

「這就是問題所在了。我們一直在教導大家畏懼死亡，而不是幫助他們理解死亡。如果願意接受死亡是生命的自然過程，就能活出更充實的人生。大多數人認為死亡還很遙遠，是在很久以後的未來。但死亡並不會給誰更多時間。對活著的每個人來說，死亡可能是在一小時後、一年後或一百年後到來。沒有人知道自己什麼時候會離開人世。生命就在此時此刻，不在過去，也不在未來，而是在現在，永遠只有當下這一刻。生命不該是你儲存起來或打算等退休後才去體驗的事物。除了現在，生命沒有其他的時間。**每個人都應該學會活在當下。如果每分每秒都能活得淋漓盡致，就不會浪費生命這份最寶貴的禮物。**」

「外公，你不怕死嗎？」一說出口，我就後悔了。

外公頓了頓，然後微笑地看著我。「傑克，我不怕。對於即將面臨死亡的人來說，用『不安』來形容或許更為貼切。在許多方面，我反而覺得活著比死亡更可怕。我內心很平靜，因為我知道你和你媽會過得很好。雖然會難過不能再見到你們，但我對即將展開的全新旅程充滿期待。對我來說，擔心下一步是沒有意義的，因為那不是我能掌控的。死亡應該是最極致、最美好的瞬間，是如夢似幻的極致狂喜，應該坦然接受，細細品味，靜靜地觀看，並帶著全然的信任融入其中。」

我一時語塞。「外公，死亡還是會讓我感到害怕。」我輕聲說道。

外公伸手拍了拍我的膝蓋。「我從不懼怕死亡。太多人活在對死亡的恐懼中，反而毀了自己的人生。說來奇怪，他們反而變得害怕享受生活，不敢爬山，也不敢在海裡游泳，深怕發生意外。他們不敢自在地活著，生怕出什麼差錯。那不算真正地活著，而是小心翼翼踮著腳尖走完一生。恐懼會讓人裹足不前，而什麼都不做跟死了也沒什麼兩樣。」

「我好像更明白了，但我還需要時間來消化和接受。」

他點點頭。「傑克，試著不要害怕死亡，但也不要過度美化死亡或過早放棄生命，因為那樣是褻瀆了你獲得的這份生命禮物。要尊重死亡。在死亡來臨時，試著有所警覺，見證那一刻，順其自然，擁抱眼前的一切，珍視其中的意義。」

「外公，我還是不確定。要是我下地獄怎麼辦？」

外公用力拍打方向盤，嚇了我一跳。

「別滿腦子想這些亂七八糟的東西！還記得我跟你說過，人類會編故事來控制他人嗎？」

我點點頭。

「我跟你說，地獄就是其中之一。宗教領袖在知識不像今天這麼普及的時代，散播這樣的謠言：做壞事就會下地獄，做好事就會上天堂。」

「可是……我以為那是真的？」

「我不這麼認為。」外公搖了搖頭。「對你來說可能是真的，但我認知的事實不是這樣。」

「那麼，如果壞人不下地獄，會發生什麼事？」我有一種奇怪的感覺，彷彿自己正在往下墜落。

「傑克，什麼事也不會發生。沒有什麼靈魂審判官會記錄你一生的善惡這種事。審判來自於你自己，你的天堂或地獄只屬於你自己。隨著年齡增長和不斷反思，你會質疑自己做過的蠢事，甚至可能試圖掩蓋一些痛苦的回憶。如果你後悔曾經那樣對待他人，你的內疚感就會成為你個人的地獄，而你可能餘生都承受著這殘酷的懲罰……」

外公猛然煞車，巴士發出尖銳聲響，隨即停了下來。我從座位上被拋飛出去，摔落在排檔桿旁邊。我從地上爬了起來。

「怎麼了？外公，你嚇死我了。」

我愣住了。一團洶湧的黑雲朝我們襲來，最後籠罩住整輛巴士。

「這是什麼鬼東西？外公，我好害怕。」

「別怕，這只是死亡而已。」

「為什麼死亡會來這裡？把它趕走。」

「喔，不可以，不要趕它走，它有它的任務。要接受它、擁抱它。」

黑雲籠罩著巴士，從窗戶和門縫中滲透進來。我蜷縮著身體，擠在座位角落，用手遮住眼睛，屏住呼吸。黑暗將我包圍，恐懼中，我呼出一口氣，又深吸一口氣。就在這時，我有一種奇怪的感覺，彷彿自己飄了起來，進入一個截然不同的世界，一個美麗無比的世界。狂喜滲入了我的骨髓，我從未有過這麼美好的感受。到處都很明亮、溫暖。鮮花盛開，腳下的青蔥綠草柔軟舒適。

迷霧散去，眼前的景象令我驚訝不已。外婆就站在我面前。我凝視著她，笑得合不攏嘴，笑得兩頰都疼了起來。「外婆，妳還活著！」

「是啊，傑克，我們都還活著。我們的靈魂不會消逝。死亡只是讓我們從過去的形態轉變成你現在見到的模樣。這是一個美麗的轉變。」

「那為什麼我之前從沒見過妳？」

「嗯，死亡是從一種狀態轉變成另一種狀態。」

「我聽不懂。」

「傑克，就像廣播電臺。在人世間，你是待在活人的世界，而已經離世的人則處於不同的頻率。你需要像現在這樣調整頻率。沒什麼會傷害我們，我們都很好。死亡一點也不痛苦。在人世間生活了那麼久，也該休息了。」

「為什麼我之前無法調整頻率？」

外婆微微一笑。「就像你之前看不到你的巴士一樣。沒錯，我一直在聽著，關注你和外公的冒險。學會調整頻率吧。你可能會覺得我們是靈魂，但有些人稱我們為鬼魂，還有些人相信我們是天使。我想，這取決於你是用什麼方法訓練思維。無論如何，這就是世人所謂的死亡。對我來說，死亡是很美妙的體驗。」

「如果有人死於可怕的意外或悲慘的情況呢？那時一定很痛苦吧？」

「我不這麼認為。我們有辦法介入，讓死亡變得毫無痛苦。不要糾結於這些想法，專注於享受生活吧。不要浪費寶貴的時間思考最後的結果。」

我驚嘆於外婆容光煥發的模樣。「妳看起來年輕健康多了。」

「傑克，我確實是。真遺憾，你記得的是我的外表，而不是我內在的模樣。大多數人內心從未變老，你也不會，就像你外公內心依然年輕。即使已經七十多歲，我的靈魂永遠是十七歲。衰老的是我們的軀體，不是靈魂。別讓那些尚未經歷死亡的人在你心中灌輸恐懼。記住我現在的模樣，記得死亡有多美好。看看今天呈現在你眼前的一切，你獲得的這份對生命的領悟。永遠不要擔心死亡。這是一個很美妙的境界。」

「外婆，我不會了。我從不知道死亡居然如此安詳。過去我總是刻意不去想這件事，現在我知道不會有事的。」

「傑克，不錯唷，確實沒什麼好怕的。你外公安息時，他會得到妥善的照顧，會和我在一起，身體也會非常健康。所以，不要為他哀傷，反而應該高興才是。總有一天你會再見到他的。」

她雙手搭在我肩上，將我擁入懷中。我感覺到一股能量從她身上散發出來，經過她的指尖流過我全身。這是一種很奇妙的感覺。我的身體開始微微顫抖，這種感覺越來越強烈，直到我全身都在顫動。最純淨、最明亮的光充滿我的頭腦，我看見自己被照亮了。那道光迅速穿過身體的每個部位，沿著每條血管上下流動，直至四肢末梢。我相信自己正在接受某種療癒，感覺很棒。我對外婆笑了笑。

「傑克，你該回去了。」外婆說道，打斷了我的思緒。「現在還不是你來這裡的時候。你總有一天會來這裡，當那一天到來時，你躺在病榻上，要全心全意地迎接最後一刻。」

煙霧來得急去得也快，轉瞬間就從身邊散去。我望向一旁，看見外公被同樣的煙霧環繞著。他閉著眼睛坐在椅子上，臉上綻放著最燦爛的笑容。我看著煙霧漸漸從他頭部周圍消散。外公醒了過來，依然笑容滿面。

「外公，你看見什麼了嗎？」

「美好的景象，非常美妙。你外婆在等我，她看起來好極了。」他清了清喉嚨。「她很想我，說不會等太久。那地方、那感覺，是不是棒極了？真是一趟奇妙的旅程啊！」

我點了點頭，腦中思緒萬千。

「傑克，接下來去哪裡呢？」

有個念頭在我心底蠢蠢欲動。「外公，我是不是該回醫院了？」

「噢，別說這個，讓我們好好地活在當下吧。我還能享受最後的歡樂時光。多停幾站也無妨，之後你再回到帷幕的另一邊吧。」

他打開目的地蓋子，轉動顯示牌，直到它停在：「社會廣場」。

「外公，這地方看起來挺有趣的，我們看看這次會遇到什麼吧。」

STOP 20

身處社會之中
不認同就離開，認同就要竭盡全力去捍衛

我們來到一座小鎮，外公駕駛巴士繞著一個寬闊的廣場行駛。廣場上人聲鼎沸，許多居民聚集在這裡，享受悠閒的夜晚時光。夜幕降臨，炎熱的白晝已被涼爽的晚風取代。家家戶戶或坐在公園長椅上，或漫步於林蔭小徑間，氣氛和諧而閒適。

「外公，這是哪裡？」

「這裡是社會廣場。附近城鎮的居民都會聚集在這裡，討論各式各樣的話題，一直談到深夜。這裡是他們獲取最新消息的地方。」

「聽起來是個不錯的作法。」

「孩子，這就是所有社會的根基啊。自從人類最早開始群居生活以來，這

樣的聚會在世界各地的文化中已經存在了數千年。這就是社會的本質，公民同意以適合大多數人的方式共同生活。但首先，你得認同社會的目標。你所在的社會必須展現出和你相似的信念，對未來的發展方向也必須和你一致。」

「為什麼會不認同呢？」

「嗯，你可能會不認同你所在社會的言論和行為。如果真的不認同，就要問自己有沒有辦法適應。也許你喜歡大部分的理念，但在某些方面，你可能希望說服他們接受新的想法。如果他們拒絕改變，那就得決定是要留下來抗爭，還是另覓他處。」

「為什麼我會不滿意我們的社會呢？再說，大部分的市議會不是都差不多嗎？」

「傑克，地方層級的社會未必適合每個人。有些人會搬到其他州或國家，尋找和自己的生活方式更加契合的群體。」

「我沒想到不同的地方會有這麼大的差異。」

「那是因為你從沒外出旅行過。即使是不同的州之間，也存在著巨大的差異。許多國家的人並不像我們這樣擁有各種權利。有些地方的人民如果批評政府，就可能遭受酷刑或被送進集中營。你想生活在一個讓你不敢發表意見的地方嗎？」

「當然不想。居然會有國家覺得可以這樣對待自己的人民，真可恥。」

「我真心希望那些國家不是這樣的。從我們的思考角度來看，有太多國家執行的規章制度都極不公平甚至荒謬，所以我才會問你有沒有辦法適應社會。」

「我絕對無法適應你描述的那種社會。」

「孩子，我也是。」

「外公，我不明白，為什麼不能所有人都遵循類似的規則呢？」

「不同地方的規則雖然可能差異不大，但也夠大到讓你想要搬走。即使是小鎮，地方議會也可能投票通過你不認同的決議。我所謂的社會，指的是各種組織、團體，或任何你所參與的群體。」

「就像我們的農民團體？」

「沒錯，任何由委員會管理的組織都是。」

「那幾乎所有團體都是了。市議會能做出什麼讓我們不同意的事呢？」

「好幾年前，他們想要淹沒五、六個農場來興建水壩，還打算開放穿越他人農地的權利。這些改變都會直接影響到我們。之後民眾發起示威遊行，不知不覺中，親朋鄰里不是團結一致，就是彼此結怨。地方政府的決策足以摧毀一個社區。

所幸我們生活在民主社會，人人都有投票的機會，所以我們能夠改變現狀。」

「你是說，我必須融入社會嗎？」

「只有當你確定周遭的人和你懷有相同的理想，都想建立一個公平的社會，才需要融入。如果市議會的觀點和你背道而馳，你也不認同他們大部分的規定，那就搬到一個和你的理念相近的地方生活吧。」

「我明白了。我想我一直都不太關注社會上發生的事。」

「大多數人都是這樣，直到有一天，委員會做出的決定直接關係到他們的切身利益。回到正常世界之後，你會用不同的角度看待事物。你可能會懷抱更遠大的抱負，準備征服世界，改善社區。但要留意，你可能會引起當地人反感，因為他們不支持你的抱負，也不願意改變。他們會在議會開會時妨礙議程，因為他們害怕改變，許多人只希望一切維持原狀。當你和大多數社區成員理念不同時，確實可以為了自己認定的社區利益而奮鬥，但有時面對這麼多的負面聲浪，離開或許是更明智的選擇。」

「我開始意識到社會有多複雜了。」

「的確是。但這跟他人無關，而是跟你自己有關。**你需要生活在讓自己感到舒適的地方**。如果你不認同你的城鎮、縣市或國家，那就離開吧。但是，如果你百分之百信任他們，就要竭盡全力去捍衛你和他們的生活方式。」

我們坐在廣場上靜靜觀察人群。這裡是個停下來休息的好地方。

「傑克，你知道嗎？這個世界真是個奇怪的地方。我一直無法理解，為什麼會有人投票給那些想對其他國家發動戰爭、派人民去送死的領導人？為什麼人民不立刻把他們趕下臺，對戰爭說不？我實在無法理解這種好戰的權力欲，似乎只要一當選，這種欲望就會顯露出來。還有一點值得注意的是，這些領導人自己或他們的家人很少親赴戰場或為國犧牲。我會訂這樣的規矩：凡是想發動戰爭的領導人，都必須把自己的兄弟姊妹和子女送上戰場。看看這些領導人的家庭成員會用多快的速度阻止大多數戰爭發生，這會是一件很有趣的事。」

「為什麼會有人想發動戰爭呢？難道這個世界無法和平共處嗎？」

「有時似乎確實如此。我們又回到社會差異的話題了。傑克，我們繼續前進吧。把目的地顯示牌轉到『忘卻所學』。」

我沒聽清楚外公的話。「你說要去哪兒？」

「一個所有人都該去的重要目的地。」

我看著顯示牌停下的位置：「忘卻所學」。

STOP 21

忘卻所學

重新學習，直到確定已經找到最適合自己的答案

回顧到目前為止的見聞，我感覺自己在短短一天內學到的，遠超過這一生所知道的。但現在我卻在苦思自己究竟是如何來到這裡。這裡的感覺很陌生，是好的那種陌生，只是和我平日的生活迥然不同。我不能回家，也不趕時間，但該如何回到醫院的念頭始終縈繞心頭。入口究竟在哪裡？我記得自己往下墜落，在黑暗中急速飛馳。回家的入口難道是在空中？

「外公，這次經歷真的讓我眼界大開，我已經開始用全新的角度思考未來。但不得不說，你說的有些事我不是完全認同。」

「很好啊，我也不希望你事事都認同。我要你獨立思考，質疑一切，然後

得出自己的結論。」

「但我在這裡學到的，還有你告訴我的那些事，我都很想相信。」

「我跟你分享的，是我對人生的觀察，以及經歷某些事之後的改變。這些遭遇是我切身的感受，但對你來說或許並不適用。這無妨。我質疑每段記憶，努力擺脫他人灌輸在我腦海的想法。我花了很多年才理清這一切，包括我曾經深信不疑的許多觀念。我希望這趟旅程也能幫助你質疑每件事。」

「我會試試看的，相信我的家人不會對我說太多的謊話。」

「傑克，你說到重點了。問題不在於你聽到的是不是謊言，而是其他人認為哪些事是真的。」

「怎麼說？」

「我來舉個例……」

「小心！」

外公猛地剎車。兩輛巴士停在路中央，司機下車爭吵起來，兩人繞著對方打轉，彷彿隨時準備大打出手。我們下車查看這起騷動的原因。

「你眼睛瞎了嗎？沒看見我嗎？」穿紅襯衫的司機怒吼。

「我瞎了？明明是你突然切換車道，差點撞死我！」另一位司機咆哮著。

「我已經打了切換車道的方向燈，本來就可以優先通行。」

「你根本不該開車上路，你會害死大家！」

圍觀群眾越來越多。外公走回自己的巴士，指著車身微笑道：「愛與和平。」我們上車，繞過仍在爭執的兩位司機。

「傑克，我們剛才說到哪裡了？」

「你正要舉例說明有些人眼中的事實，其實並不是事實，只是觀點，就像那兩位司機一樣。他們都相信自己才是對的，回家後也會跟家人講述自己的版本。」

「傑克，你說得太對了。政治家、宗教人士或教師也是如此。他們告訴你的是他們認為的事實，但他們是否真的質疑過自己聽到的內容，還是只是世代相傳地盲信？如果有人持相反意見，就應該給雙方平等的發言機會，因為他們的版本也是事實。你要做的是聆聽不同的觀點，然後決定自己相信什麼。」

「如果我選擇了一方，後來又認為另一方才是對的呢？我可以改變想法嗎？」

「如果你的想法改變了，就順其自然吧。在修正觀點的同時，你也在學習和成長。重要的是，你要意識到自己的觀點已經改變了。最糟糕的莫過於那些明知道自己的想法有誤，卻礙於面子而不願承認的人。這會為他們帶來許多困擾。如果想法改變了，那就坦然承認吧，說聲『我錯了』。誠實面對自己，人生路途會順暢許多。」

「我需要拋棄很多以前學到的觀念嗎？我確定我知道的大多是事實。」

「那是因為到目前為止，你對什麼都深信不疑，也沒有理由懷疑任何人。沒人會給你一張清單，讓你檢視其他人告訴你的每一件事。評估當下討論的事，感受這件事是否可信。我不是說，社會至今教導你的一切都是對或錯，也不是說有人誤導了你，這些都該由你自行判斷。**質疑一切，問自己：這件事感覺可信嗎？這樣就能把事情看得更清楚**。你會明白信念是可以改變的。任何主題，只要你開始質疑，就會經歷這樣的轉變。」

我大聲說出來：「我覺得這可信嗎？」

「傑克，就是這樣。聽從直覺，用你的心。你覺得這是對的嗎？」

「我會試試看。」

「很好。能做到這樣已經很棒了。詢問自己某個觀點是否可信，就是啟動了一個過程。它會引導你用開放的心態提出質疑，產生懷疑。這很正常。有所懷疑是很自然的過程。人很難信任自己的判斷，所以一開始要有耐心。忘卻過往所學，質疑自己所知的一切，這並不容易，需要勇氣和誠實。質疑長久以來堅信不疑的觀念，坦承面對自己，也很困難。你可能會找藉口逃避令人痛苦的答案，但無論你覺得這件事有多麼困難，都必須追尋真相。這是一段漫長的旅程，而且一次只能改變一個想法。」

「我很願意質疑一切，也期待探索不同的觀點，重新審視自己曾經相信的事物。」

「這裡有個例子，可用來說明人們相信的事並不是事實。你聽過多少次『靠近蜜蜂，牠們就會螫你』這種話？」

「外公，很多人都這麼認為，但這並不是真的。」

「傑克，你知道這是謠言，但在我年輕時，我母親不斷告訴我蜜蜂很危險。她完全相信這件事是真的，對蜜蜂有著根深蒂固的恐懼。只要有蜜蜂靠近她，她就會雙手亂揮，跑進屋內免得被螫。我也自然而然地產生了同樣的恐懼。只要看到蜜蜂，我就會躲進屋裡，她的信念變成了我的信念。這件事是真的，我一直到二十多歲都沒被蜜蜂螫過，所以我母親的話肯定沒錯。」

「但是外公，蜜蜂很少螫人。」

他抬手示意我先別說話。「後來我去念進修課程。有一天，我在花園咖啡廳吃午餐。那是一間很時尚的咖啡廳，裡頭擺放著沙發。我和朋友在喝咖啡、吃蛋糕時，忽然注意到桌子上方懸掛著裝滿鮮花的吊籃。我驚恐地發現，花朵上有蜜蜂。我頓時從椅子上跳起來，衝入室內。所有人都盯著我看，我指著吊籃，想警告他們有危險。他們向我揮手示意我回去，但我做不到。幾分鐘後，我的朋友盧卡過來問我怎麼了。

「『你沒看見頭頂上的蜜蜂嗎？』我問道。他說他沒注意到。我警告他蜜蜂會螫人，要他和我待在那裡，遠離蜜蜂。他跟我說別傻了，但最後為了安撫我，還是和其他朋友一起移到室內。有個朋友問我怕蜜蜂多久了。『你們不怕蜜蜂嗎？』我問。他們都搖頭。『但如果被蜜蜂螫了，你會痛不欲生，甚至可能喪命。』

「我的朋友互相對視。莎莉說她曾被蜜蜂螫過，雖然很痛，但隔天就沒事了。盧卡說，其實蜜蜂會盡量避開人類，不會主動螫人。他解釋說，蜜蜂一旦使用螫針就活不成了。我很訝異。

「『你有朋友被蜜蜂螫過嗎？』羅翰問。

「『嗯，我身邊沒有，』我答道，『但我母親認識一些人，他們被蜜蜂螫了之後出現嚴重問題，甚至休克。』

「『你應該去找霍奇基斯先生聊聊，』漢娜建議道，『他是養蜂人，蜂箱裡有好幾千隻蜜蜂，超有趣的。』

「『為什麼要去找他？』我問道。

「『治好你對蜜蜂的恐懼啊。他是專家，能提供你事實資訊。』

「離開時，我滿腦子疑問。那麼多蜜蜂在他們身邊飛來飛去，為什麼他們這麼冷靜？為什麼我會跑走？我需要答案。一週後，經過霍奇基斯先生的住處時，我敲了敲門，向他介紹自己，告訴他我的經歷。他微微一笑。

「『我說了什麼好笑的話嗎？』我問。

「『完全沒有。不過，你介意我問你一個問題嗎？』

「『當然不介意。』

「『你父母怕蜜蜂嗎？』

「『我母親很怕。』

「『我就知道。你的恐懼是後天習得的，沒有事實根據。』

「他向我解釋了蜜蜂的生活習性、牠們在地球上的角色，以及人類和蜜蜂的共生關係，還邀請我幫忙照料蜂箱幾天。這想法讓我不寒而慄，頓時冒出一身冷汗。他保證只要穿上防蜂衣，就安全無虞。幾週後，我接受了他的挑戰。

我母親極力勸阻我，要我別去。

「我和霍奇基斯先生一起工作了兩週。我們取出蜂巢，用煙把蜜蜂燻出來，整理蜂箱，還重新粉刷並調整了舊蜂箱的位置。我們大多時候都穿著防護衣，但也有幾次沒穿。我後來變得太熟悉蜜蜂的存在，聽慣了牠們的嗡嗡聲，也習慣牠們停在我身上，甚至忘了自己曾經害怕過。日子一天天過去，我越發著迷於蜜蜂在生態中扮演的關鍵角色。霍奇基斯先生告訴我，如果沒有蜜蜂為農作物授粉，地球將會滅亡，而守護現存的數百萬隻蜜蜂，保障牠們的安全，是非常重要的一件事。

「我坐在霍奇基斯先生家的門廊上，欣賞我們工作的成果。他從庫存中拿出幾罐蜂蜜給我，並解釋為什麼蜂蜜是絕佳的飲食補充品。我們喝著咖啡，把蜂蜜倒在盤子上，用麵包蘸著吃，蜜蜂停在我們的桌子上。他看著我，臉上浮現笑容。

「『我做了什麼嗎？』我問他。

「『哦，沒什麼，只是你變化很大，已經不再是當初那個跟我說話時緊張兮兮的學生了。』他說。

「『我知道。真不敢相信我曾經那麼害怕。』我承認道。

「『那完全不是你的錯。如果父母從小就對孩子灌輸恐懼，孩子自然無法抵抗。但你可以擺脫這種恐懼。無論是蜜蜂、黃蜂、蜘蛛或蛇，在地球上都有自己的定位，而一般人卻因為無知而誤解了牠們的價值。如果小時候媽媽就帶你來這裡，你絕不會有這樣的恐懼。』

「我知道他說得一點也沒錯。傑克，你看，這就是社會最大的問題之一。人們喜歡對自己不了解的事情發表意見，他們的評論卻往往源於無知。如果在詢問他人之前，先問一句：『你擁有這方面的專業知識嗎？』我們的世界會更好。許多我們知道的事情，都是從外行人那裡聽來的。他們缺乏事實根據卻又好發議論。我始終認為，若想了解蜜蜂，就該請教養蜂人。不要聽信那些紙上談兵的所謂專家，他們根本什麼都不懂。」

我點了點頭，外公的例子淺顯易懂。「一定要問對人，也就是那個領域的專家。」

「完全正確。拋開他人灌輸給你的那些無稽之談。別人告訴過你什麼關於異性、金錢、愛情、旅行、商業的事嗎？你該做的是去深入探究、質疑一切，這是為了你自己好。忘卻所學、重新學習，直到確定已經找到最適合自己的答案。就像我對蜜蜂的認知改變了，我的人生也跟著改變了。我學到，改變並不可恥，但如果你不再改變，也就不再成長了。」

外公望向窗外。「你懂了嗎？那就是多年前的我，回頭想想真的滿愚蠢的。」

「你在農場好像什麼都不怕。」

「我現在沒事了，但多年前的我可不是這樣的，直到我問對了人。他們的知識徹底改變了我。」

「我想更深入了解一些事情。」

「哪方面的事？」

「我想知道更多關於希望的事，還有希望如何塑造了我們。」我曾讀到，希望是推動人類前進的動力。我看著外公來回轉動操縱桿，心想一定有比這樣來回轉動更好的方法，也許是一個裝滿字母的盒子，或某種數位顯示器。

「傑克，這是我們的下一個停靠站——希望街。」

STOP 22

希望街

愛與和平，是適用於所有人的人生指南

天色漸暗，我們抵達一座陌生的城鎮，駛入市中心一條燈火通明的街道。人行道上人潮湧動，衣著華美的行人相互交談，享受夜晚的氛圍。兩旁建築聳入雲霄，外牆掛著各式招牌，有些繪著十字架和星星，有些則是我從未見過的符號。

「外公，你看，這個街牌上有教堂的十字架，這地方一定很安全吧？你覺得呢？」

「傑克，我也希望如此，但我從不預設立場。」

「這裡的人看起來很友善啊。」

「我看到了，也注意到這條街的名字。」

「是什麼名字？」

外公指向路標：「希望街：信仰之都」。

「這名字很好，不是嗎？」我問道。

外公看著我，揚起眉毛。「但願如此。」

「外公，我們去走走吧。我感覺這是個好地方。」

「好啊，我們去活動一下筋骨。我坐得都全身痠痛了。那些廟宇我都不認識，想進去看看。」

我們沿著熱鬧的街道漫步，驚嘆於兩旁高聳入雲的建築，它們設計優雅，裝飾精美。這裡有清真寺、大教堂、廟宇，以及其他陌生的建築。一座教堂的巨大彩色玻璃窗，斑斕色彩映照在路人臉上。這些宏偉建築的營造者在設計與用料上可謂不惜工本。精美大理石與花崗岩構築出精緻的框架，技藝精湛的工匠雕刻出繁複的灰泥裝飾。柱子上刻有蒼翠森林，牆壁飾以精緻壁板，鍍金雕像點綴著門廊。

我們參觀了幾座教堂和寺廟。裡面有人歌唱，有人高舉雙手，前方的宗教領袖或用莊嚴語調，或用吟誦方式佈道，氛圍祥和寧靜。

我們站在一座清真寺入口，看著信眾在伊瑪目（譯注：imam，通常指在清真寺帶領週五做禮拜或平日祈禱的人）的帶領下朝麥加跪拜。其他寺廟裡，信徒或面向牆壁站立，或俯身叩拜。一處廣場上，數千名穿著藏紅色袈裟的人靜坐著，僧侶們用彩砂繪製圖案。香煙繚繞中，四周寂靜無聲。

經過一小時的靜心與沉思，我們回到了巴士上。「外公，我很喜歡這個停靠站，」我說，「參觀這些不同的廟宇讓我心靈深受觸動。」

外公點了點頭。「是啊，我也有同感。很高興我們來到這裡，這次的體驗讓我心靈煥然一新。」

外公小心駕駛著巴士，緩緩穿過熙攘人群。人們穿著最精緻的絲綢服飾，佩戴著昂貴珠寶，魚貫前行。我從未見過如此奢華的景象。

「外公，我就知道這是個好地方。」

外公微微一笑。人群中有人朝我們的巴士揮手，我也揮手回應。巴士緩慢前行，因為有些人走在馬路上，甚至有人就地祈禱。從服飾可看出，人群中融合著各種不同的信仰：修女、神父、拉比、穆斯林、印度教徒、錫克教徒、佛教徒，還有宗教學者和尋道者。他們彼此交流，互致問候。

「真像嘉年華會。」我說道。

外公點頭，但仍專注駕駛，小心翼翼地穿梭在人群中，生怕傷及任何人。

整條街熱鬧非凡。有人面帶微笑，雙手合十禱告；有人跪在祈禱墊上向神明叩拜。在合唱團的聖歌聲中，信徒虔誠祈禱。

一名男子高喊：「神真偉大！」周圍人群歡呼鼓掌。

另一名站在圍欄上的男子回應：「先生說得對！神確實偉大，當然只有一位真神，祂就是我們的主：全能的神！」

人群中傳來陣陣低語，眾人臉上流露出困惑的神色。

「不對，」一名舉著標語的女子喊道，「要包容啊，所有的神都很偉大。」

「誰允許女人發言了？」一名男子怒吼，「叫她安分點！女人懂什麼！」

人群中頓時混亂四起，有人搶過標語用力摔在地上，還狠狠踩了幾腳。

「你怎麼敢！」一名神職人員怒斥道，「你全家將永遠受到懲罰！你這輩子將一事無成。」

人群開始推擠扭打，場面失控。一名戴著高帽的男子走上前，高舉雙手試圖平息紛爭。他對眾人說道：「大家冷靜下來。我們的神是唯一的真神，但我們尊重你們信仰自己神明的權利。」

一名男子揮拳打向這名神職人員。「尊重？」他怒吼，「你算什麼東西，憑什麼允許我們信仰自己的神？你以為你是誰？揍他！」

人群開始互毆、踢踹，越來越多人加入這場混戰。眾人扭打在一起，將無辜的男女箝制在地，手腳交纏著在人行道上掙扎。原本寧靜的街道轉眼間成了戰場。

顯然是該離開的時候了。外公駕駛著巴士緩緩前行，但道路已被人群堵住。幾個人試圖強行上車，外公將他們推下車並迅速鎖上車門。

人群用各種武器攻擊那些與自己不同教派的人。憤怒爆發，更多人加入戰局。一扇窗戶碎裂了，佛教僧侶靜立不動，任人攻擊，毫無還手之意。一座教堂陷入火海，外公猛踩油門，試圖離開這片殺戮戰場，但人群頑固地阻擋去路。忽然，巴士後方傳來震耳欲聾的爆炸聲，撼動了整條街。

我完全無法理解眼前發生的一切。「外公，快離開這裡啊！」

「我盡力了，但總不能碾過他們吧，早該料到會發生這種事。」

「我以為這裡會很祥和，到處都是天使、天堂、神之類的東西。」

「那當然好，但我早有預感。」外公提高音量，壓過周圍的喧鬧聲，「經驗告訴我，不同的宗教之間很難互相接納。他們口口聲聲說愛所有人，卻似乎總是因為信仰差異而爭執不休。要是他們能互相包容，大家的生活會輕鬆許多。」

「外公，我實在太震驚了。」

「我倒是不感到意外。這就像小孩子在遊樂場爭論『我的神比你的神更好』。他們的爭執可能充滿仇恨，與宗教本意背道而馳。」

「為什麼他們不能接受其他宗教的存在呢？」

「因為如果他們接受了，就必須承認除了自己的神，還有其他的神存在。這將引出一個問題：誰創造了這些神？所以其他神一定是冒牌貨。而且因為宗教是個人內心的信仰旅程，不同宗教的信徒很難達成共識。他們會為了爭論誰的神才是真神而相互衝突，甚至大打出手。悲哀的是，數百萬無辜生命都因宗教之名而犧牲。」

「外公，這真讓人難過。那『愛鄰如己』和『連左臉也轉過來由他打』的教義呢？」

「傑克，那是做禮拜時說的話。所以我常說，他們爭的不是神諭，而是人言。完全基於愛的信仰不可能引發爭鬥。以神之名互相攻擊，恰恰背離了神所代表的一切。這就是我認為那些都是人造教義的原因。幾百年前，宗教領袖制定了各種儀式和規則，用來阻止大家質疑他們。」

「哪些規則？」

「那時的人被告知，不可質疑神的教誨，彷彿一件事只要『被記載下來』，就成了絕對真理。傑克，趴下！」

一個物體朝擋風玻璃飛來，我低頭閃避，接著整個人撲倒在地，只見玻璃閃現一片橘紅。汽油彈爆炸了，火焰熊熊燃燒。人群狂捶車身，噪音震耳欲聾。

「外公，快離開這裡！」

外公踩下油門，巴士往前衝。他加快速度，迫使人群紛紛閃避。幾個人試圖頑固地站在車前不動，但外公毫不鬆腳，希望他們主動讓路。所幸他們最後還是退開了。穿過人群時，不斷有物體朝我們扔來。最後我們終於擺脫了人群，在黑暗中行駛了十分鐘。我的心臟仍在胸口狂跳。巴士在路口放慢速度，我們長吁一口氣。路上空無車輛，外公找了一處停下巴士，我們靜坐片刻，讓心情慢慢平復。

夜色已深。路旁有片草地，中央佇立著一頂白色小帳篷，周圍野草及腰。帳篷開口處透出微光，頓時一股寧靜祥和的感覺湧上心頭。

我們下了巴士，走近一看，發現帳篷旁豎立著一塊牌子，上面寫著：「神」。牌子上的字令我大吃一驚。「神住在這裡？真的有神嗎？」

外公的眼睛在黑暗中閃爍著光芒。「看起來是。既然我們會談論神，就表示祂是存在的，至少在我們的對話中存在。我想，這取決於神對你來說意味著什麼。是坐在雲端俯瞰眾生的神靈？還是像有些人相信的那樣，無處不在，陪伴在我們身邊？我曾聽人說，神就是我們呼吸的空氣，注視著、引導著我們，聆聽我們每一次的禱告。」

「這可能是騙局。我不相信神住在這裡，甚至不相信祂真的存在。」

「傑克，你可以選擇相信什麼。如果你相信，祂就存在；如果你不相信，祂還是存在，因為你必須先承認祂的存在才能否定祂。唯一的差別在於，你不是信徒罷了。」

「為什麼剛才那群憤怒的暴民不來這裡找神談談？祂可以告訴他們真相，指引他們走向和平。」

「傑克，這就是讓人想不透的地方了。我猜他們畏懼神，因為祂洞悉他們生活的缺陷。他們違反教規，忘了愛的初衷，完全背離了神的本質。這就是為什麼宗教是我們生命中最難解的謎題之一。人們迴避自己的神，因為他們不願自己的行為受到質疑。」

「外公，為什麼各個宗教都不遵循自己的教義呢？」

「因為權力和貪婪。許多宗教組織建造宏偉的廟宇斂財致富。他們其實不需要建造廟宇來打動世人，不該在全球還有飢民時，囤積這麼多錢財，應該分享才對。各階層的民眾都捐款幫助那些比自己更困苦的人，可惜啊，他們的捐款多半存放在銀行保險庫裡，只是讓這些宗教組織變得更有錢罷了。」

「這樣不對吧。」

「確實不對。你看，我相信大多數宗教本質良善，蘊含強大力量，為人們提供可依循的途徑，去愛人、助人、保持赤子之心。但隨著世紀更迭，規則不斷變化，受不同時代的統治者影響，那份初心逐漸被遺忘、更改，甚至扭曲，經歷無數世代詮釋、修改，最終沉沒在歷史的泥沼中。那份美好純粹的信仰已不復存在。問題在於，人很難知足。我們當中有許多人刻意操控他人，藉由恐嚇他人、曲解教義來達到目的。一切就從這裡開始崩壞。」

「要怎麼分辨哪些是人言，哪些是神諭呢？」

「心懷慈愛的神不會殺戮，也不會憤怒。祂深刻理解萬物眾生，鼓勵愛的行為。祂不會說『你搞砸了，所以我要殺光所有人』。那是人類扭曲的方式。」

「有方法知道神說過什麼話嗎？」

「沒人能確定。不過，我相信，如果真是神諭，只需要一頁短文，甚至幾段話就能傳達。事實上，認真想想，我相信祂只需要簡單的四個字，就能道盡一切。」

「不可能啦！怎麼可能只用四個字概括人生的規則呢？」

「傑克，那四個字就寫在我的巴士上：『愛與和平』。你跟我說，這幾個字還需要多做解釋嗎？你不會誤解這些字的意思，對吧？這是給所有人的人生指南。」

經過外公解釋，答案變得非常簡單明瞭。「我們去拜訪神，親自請教祂吧。」

「你確定要這麼做？」

「外公，我真的很好奇。」

「好吧，我們看看祂在不在家。」

我們穿越及腰的草叢，踏出一條通往帳篷的小徑。帳簾敞開，我們探頭往裡頭望去。一位女士坐在扶手椅上編織。「有客人來了，」她微笑道，「真好啊。」

「這裡是神住的地方嗎？」我問。

「沒錯，這裡是神的家。小夥子，請進。」

「祂在嗎？」

女士再次露出笑容。「我不知道。祂在嗎？」

我困惑地望向外公。「她是什麼意思？」

「她說，如果你希望祂在，祂就在。你只需要相信就好。」

「我能見到神嗎？」我問道。

「我不知道。你能嗎？」女士輕笑一聲。「請坐。我去燒壺水泡茶。你們喜歡吃餅乾嗎？」

我看向外公徵求同意，注意到他眼中閃爍著前所未有的光芒，看來他很喜歡這位女士和她的回答。我走進帳篷，內部出奇地寬敞。我感到一種歸屬感。

茶泡好後，外公在女士身旁坐下，啜飲一口茶。她對外公微笑。「你很快就會再來這裡，」她說，「一切都已準備就緒。」外公一邊吃著餅乾，一邊點頭。

「我想見神，」我迫不及待地插話，「我有問題想問祂。您能幫我找到祂嗎？」

「恐怕不行，你得自己找到祂，」女士說，「要不要打開那扇門看看？」

她指向身後一扇心形大門。

我敲了敲門，等了一會，無人應答。我再次敲門，把耳朵貼在門上傾聽，接著轉動門把。無論多用力，門依然紋風不動。「門鎖住了。」我說。

「小夥子，門應該沒鎖，這扇門一直開著，連鑰匙也沒有。再試一次。」

她微笑著說，「你知道怎麼打開。」

「怎麼會？我從沒來過這裡。」

外公輕聲發笑。

「外公，你笑什麼？這有什麼好笑的？」

「傑克，這很有趣啊。你聽不出我們女主人的言外之意嗎？**敞開你的心，如果你這麼做，門就會打開**。相信吧。在神那裡找到愛與和平。」

女士的眼睛亮了起來。「你的理解非常正確。許多祈禱許諾的人，心中卻充滿黑暗的念頭；他們只在乎自己，實在可悲。我見到太多善良的人，一生都在傳播福音，幫助他人。但那些偽裝虔誠的人只是在欺騙自己，扮演好人的角色。為什麼？」

「這正是我想問的，」我說，「為什麼呢？」

「因為如果他們真的信仰虔誠，就不會過現在這樣的生活。他們喜歡自己選擇的這條不完美的道路，希望給人留下好印象，於是在公開場合表現得體，私下卻行為不端。」

「他們為什麼要這樣呢？」

「親愛的，原因大同小異，因為貪婪、嫉妒、仇恨、金錢和權力。他們聲稱自己對這些東西不感興趣，但事實並非如此。他們想過奢華的生活，同時又想在天堂保有一席之地。但儘管他們能買到許多東西，天堂的位置卻不是錢能買到的。」

「那他們要怎麼進入天堂呢？」

「他們必須努力爭取。活得更好，助人愛人，敞開心扉。」

「這些我都相信啊，但門還是打不開。」

她對我點了點頭，眼中閃爍著光芒。「先別管那扇門了。等你準備好，它自然就會打開。你已經邁出第一步，敲了這扇門。大多數人連這一步都跨不出去。等你準備得更充分時，再回來試試吧。」

我們向女士致謝後便離開了。她揮手向我們道別說：「願你們保有愛與和平。」我們也揮手回應，然後穿越那片半人高的草叢，朝巴士走去。我轉過頭，大聲問道：「為什麼這些草長得這麼高？」

「大概是因為沒什麼人走到我家門口吧。按理說，應該有很多人來才對呀，畢竟我的茶這麼好喝，餅乾又這麼好吃。」

「我喜歡她。」回到巴士上，我對外公說。

「我也是，」他說，「她和藹溫暖，心境平和，和她相處很自在……不是嗎？」我注意到他眼中依然閃爍著那抹調皮的光芒。

「外公，你相信宗教人士有一天會為了共同利益而合作嗎？」

「我希望他們能這樣做，也希望他們有一天能做到。如果他們能接受眾神與信仰的存在，彼此包容就好了。」

「真的有其他的神嗎？」

「只要有人相信，神就存在。就這麼簡單。人們在心中創造了自己的神。」

「為什麼人很難接受別人跟自己不同？別人信仰不同的神又有什麼關係呢？」

「啊，這就是人性難懂的地方了。人類為什麼無法同心協力，已經不是理性思考可以解釋的了。」

「人類同心協力？」

「是啊，如果明天地球將遭到小行星撞擊或面臨其他災難威脅，人類就會不分信仰團結一致，共同解決這個生死攸關的問題。我們會像兄弟姊妹那樣團結起來，努力拯救地球。屆時將不再有膚色、性別之分，也不會有信仰之爭。我們將以同一個身分戰鬥，也就是人類。我的問題是，為什麼我們不能現在就這樣攜手合作呢？」

「外公，你應該傳播這個理念，說不定會很受歡迎喔。想想看世界大同的景象。」

外公笑了笑，把手臂搭在我肩上。「那得發生奇蹟才行。也許有一天人類會意識到自己的行為有多麼愚蠢。」

「但願如此。接下來要去哪裡？」我轉動目的地顯示牌的操縱桿。

「你來選吧，希望比希望街更和平。」

「要不要去一個探討信念和信念起源的地方？」

「有意思，但你不是才剛看到信仰對人的影響？」

「我知道啊，但你怎麼知道什麼才是真的？」

「說得好，不枉我多年來對你的教導，你終於問了一個有意義的問題。」外公微笑道。

我一把抓住他的肩膀。「外公，收回剛剛那句話，不然我就把你踢下公車！」

他放聲大笑。「這可威脅不了我。好啦，這次就聽從你的直覺，去更深入地探索信念吧。」他轉動目的地顯示牌的操縱桿，最後停在：「信念」。

STOP 23

錯誤信念

如同第一次接觸般去質疑一切

我們遠離了希望街。沿途我沉默不語，思索著在帳篷的經歷和那位女士說的話。「外公，我不明白。我從來不會盲目相信任何事。」

「這個想法很好，但信念是從小一點一滴灌輸到腦子裡的，你很難意識到並質疑這些根深蒂固的觀念。」

「我相信我有能力分辨，我知道這是怎麼一回事。」

「你確定？」

「外公，我確定。要是父母灌輸我不正確的想法，我一定會知道。」

外公從儀表板上的文件夾裡抽出一張空白紙，拿到我面前。「這張紙是什麼顏色？」

「你是在考我嗎？」

「孩子，我不是在考你，我是很認真地問你。這是什麼顏色？」

「當然是白色啊。」

「你確定？」

「就像我確定自己就坐在你旁邊一樣。這張紙是白色的。」

「但你怎麼知道你的答案是對的？」

「因為我知道白色是什麼顏色。」

「好，但想像一下，如果我在農場把你養大，從不讓你見任何人，每天給你功課，教你數學、英語和藝術。如果從你兩歲起，我每天都告訴你這張紙是黑色的，那你會怎麼回答？」

「可是外公，這就是白色啊。」

「我是在問你問題。如果我一輩子都告訴你這張紙是黑色的，你會怎麼回答？」

「我應該會說這張紙是黑色的。」

「沒錯，你一定會說是黑色。如果我讓你去接觸外面的世界，然後你遇到其他人告訴你這張紙是白色的，你一定會極力辯解，試圖說服他們這是黑色。

為什麼？因為你接受了這個訊息，沒有理由去懷疑。這些觀念已經深深烙印在你的腦子裡。」

我思索這番話，想起外公提過外曾祖母怕蜜蜂的故事。「你想說什麼？」

「要知道，其他人也跟你一樣，對家人的教導深信不疑。家人告訴他們家族的宗教信仰、該投票給誰、不同的文化，以及自己的國家有多優秀。這些觀念根深蒂固，就像這張紙一樣。無論別人多麼努力說服他們改變對所謂真相的認知，他們只會爭得面紅耳赤。經過長期潛移默化，他們相信自己是對的，而且會捍衛自己的立場，毫不懷疑自己的認知，因為他們相信自己聽到的就是真理。」

「但是外公，如果他們錯了，我們可以告訴他們，糾正他們，給他們看正確答案，不是嗎？」

「不能。我們怎麼知道事實是什麼？我們自己又有哪些偏見？每個人都必須自己發掘真相，質疑自己知道的一切。他們的信念，充其量只是一種盲目的信仰。」

「什麼是盲目的信仰？」

「就是相信那些無法證明對錯的事情。如果改變人的信念是很容易的事，生活就簡單多了。要說服那些堅信這張紙是黑色的人改變想法，需要耗費極大的心力。這種信念已經成為他們的一部分。他們完全相信自己被灌輸的想法。如果他們能質疑一切，那就更好了。」

「你覺得這會發生嗎？」

「不容易。一般人很難質疑或重新學習自己深信不疑的事。這些觀念在他們腦子裡根深蒂固，所以他們很少會質疑自己接收到的訊息，例如種族、政治，或是宗教典籍中的至高權威。」

「外公，這個世界太難懂了啦。」

「是啊，傑克，但它也很神奇、美好。」外公又舉起那張紙，「這張紙是什麼顏色？」

「我現在不確定了。你把我搞糊塗了，但我還是認為是白色。」

「回答得好。**要像第一次接觸那樣去質疑一切。昨天的真理，未必就是今天的真理。**」

「外公，謝謝你，你讓我思考了很多事。」

「人生中有太多值得思考的事情，不僅是我們的旅程，每個人都在經歷類似的過程。」

「你真的認為每個人都有自己的計畫嗎？」

「我不這麼認為。大多數人仍在迷惘中尋找方向。他們可能沒有明確的計畫，但都在努力探索生命的意義。這對他們來說可能會很困難，取決於他們的成長背景。」

「人和人之間的差異真的很大，對吧？」

「沒錯。就把那裡當作我們的下一站吧。我始終認為世上有四種不同的人。」

「外公，那我們去看看是哪四種人吧。」

他轉動操縱桿，直到顯示牌停在：「四種人」。

STOP 24

四種人

聚焦在那些對你性格和人生成長有幫助的人

我們穿越陌生的地帶，繼續這趟旅程，耳邊傳來巴士變速箱發出的尖銳刮擦聲。眼前景色不斷變換，雖然陌生，卻讓我感到意外地自在。這裡與家鄉的田野山谷截然不同。沿途風景奇幻絢麗——藍色的山丘、橙色的草地、金色的湖泊，色彩斑斕，令人目不暇給。

數千輛巴士在公路上疾馳，其中幾輛不顧周遭車輛，在繁忙的車流中橫衝直撞，隨後轉入匝道，駛向錯綜複雜的支線之一。「真不敢相信這裡人這麼多，他們看起來都在趕時間。」

外公點頭道：「世人總是行色匆匆，其實我們那邊的人也差不多，很少有旅人會離開公路，踏上鄉間小路。我想，集體行動能給他們一種安全感。」

「你有沒有發現這裡的人很少交談？」我說，「你覺得他們彼此認識嗎？」

「應該認識，但大多數人只關注自己。」

我繼續觀察那些巴士。「我在想，普通人一生中會遇到多少人。」

「傑克，沒有人能回答這個問題，可能有好幾千人吧。跟我最親近的人陪我在巴士上走完整段旅程，其他我認識的人則在人生的不同時刻上車、下車。至於剩下的那些人，有些讓我懷念不捨，有些則讓我慶幸他們離開了。」

「不要這樣說嘛。」

「為什麼不？你總會遇到幾個自己不喜歡的人。」

「外公，話是這麼說沒錯，但說慶幸他們離開，會不會不太超過？」

「孩子，我當然可以這麼說。我遇過很棒的人，他們至今仍在我生命中。但我也難免碰上那些不如表面看起來那麼真誠的人。與他們相處的時間越長，就越能察覺他們性格中的缺陷，那些讓我感到不舒服的特質。」

「外公，是哪些特質？」

「嗯，剛開始只是一些小事。他們會說些難聽的話，我會在心裡想：天啊，怎麼會有人說得出這種話？越認識他們，就越發現他們經常批評我認識的人，還注意到他們的貪婪與自私自利的態度。和那些總是用負面眼光看待他人的人相處，讓我感覺很不舒服，所以我寧願不參加那樣的對話，也學會了與那些負面思考的人保持距離。即使是家人，如果他們帶給我痛苦，我也會盡量疏遠他們，雖然這麼做的難度要大得多。何必把時間浪費在讓生活不愉快的人身上呢？」

「你有沒有告訴過別人你不喜歡他們？」

「沒有，雖然我想過要這麼做，但那樣太沒禮貌了。比較明智的作法是遠離那種人，不再和他們見面，或避免參加同樣的聚會。最好不要為了取悅他人而鼓勵他們或與他們交談。相對輕鬆的作法是，讓自己忙碌起來。他們終究會發現你在疏遠他們。」

「我想也是。」我停頓了一下，思考自己的一些友誼。「在自己生命中，人這樣來來去去的，感覺好奇怪啊，外公你說是不是呢？」

「我覺得這是很自然的過程。我這一生，從不在乎自己認識多少人。我更在乎那些對我影響深遠的人，是不是能留在生命中。至於損友，就讓他們離開吧。身邊朋友的品質非常重要。」

「要怎麼分辨呢？」

「其實不難。你的直覺會告訴你。你能立刻感覺到那種連結，也很享受彼此的陪伴，就像我和鮑伯、瓊安那樣。你學會相信對方的真實樣貌，而不是因為他們人緣好或有錢。那種建立在名氣或財富上的友誼，並不是真正的友情。真正的友情，必須是發自內心的。」

「哪些是重要的人呢？」

「這就是人生有趣的地方。沒有人知道這個問題的答案。這個世界每天都向我們展現新的冒險，就像一場沒有彩排時間的劇場表演。你必須按照自己的道德標準行事，避免做任何會讓自己感到羞愧的事。每個人都有自己的角色要扮演，也應該盡全力演好這個角色。這些生命交織在一起，演繹著獨特的故事。這樣的表演每天都在上演。人們在我們的生命中來來去去，唯一變化的是背後的景色。能夠參與這場永不停歇的故事，是最美好的奇遇。我們會經歷快樂的日子，也會遭遇艱難的時刻。我常想，畢竟沒有人承諾過我們的生活會一帆風順。每個人都只能見證自己所扮演的角色。這是他們的人生，他們的舞臺，他們需要選擇如何演繹。」

「你說的好像每個人都在演電影似的。」

「傑克，你說對了。人生的確很像一場電影。我們每個人都在與那些影響我們生命的人互動，有些人很重要，有些人則沒有那麼重要。無論互動多寡，我認為有四種人影響了我們每一個人，並共同塑造了我們的性格和人生。」

「四種人？我不明白。」

「第一種人最容易辨識，那就是你的直系親屬。你一出生，如果幸運的話，就會成為家庭的一員，有父母、兄弟姊妹和其他親戚。這些都是血脈相連的親人。你從小到大的所有經歷，都將成為家族故事的一部分。家人會在婚喪喜慶等聚會中分享訊息，而現在，你和堂表兄弟姊妹的生活點滴，甚至會發布在社群媒體上，整個家族都能看見。你出生在這個圈子裡，也永遠是其中的一員。即使你離開家鄉，他們還是會提到你。這是一個雙向的過程，你也會聽到家人的所有消息。」

「你說得對。媽媽什麼都知道，會在飯桌上跟我們分享最新消息。」

「這些談話構築了每個家庭的故事，這就是社群保持聯繫的方式。」

「還有哪種人？」

「接下來是你社交圈擴大後認識的人，也就是你的朋友。他們可能會成為你一生中最重要的一群人。朋友對你性格與人生的影響，是家人無法取代的。他們讓你接觸到不同的信仰與全新的生活方式。你們之間的差異激發了你的好奇心，而這些影響遠遠超過了僅在家庭中學到的知識。結交那些你喜歡而且能從他們身上學到東西的朋友。」

「說得太對了。我跟朋友無話不談。」

「那樣很好。我還記得第一次去朋友家做客時的情景。看到他家跟我們家差這麼多，我非常驚訝。他家整潔得像樣品屋，而我們的農舍總是亂糟糟的。」

「現在的情況也好不到哪去，」我說道。我們相視而笑。「還有哪種人呢？」

「第三種是跟你有互動的人，也就是你必須打交道的人。這些接觸對象不算你的朋友，他們有自己的朋友圈，你也有你的。老師幫助你度過某個階段；牧師、童軍隊長、商店櫃檯後的店員，都在你的人生中扮演了某種角色。你可能和他們接觸不多，但也有一些人會在你的人生中待上幾年，對你產生深遠的影響。你會和他們交談。他們是你社群的一部分，但不是你的家人或朋友。無論多麼短暫的接觸，這些人都在你的日常生活中扮演了自己的角色。遇見就是遇見了，哪怕只是一剎那的交集。這些邂逅意味著他們與你產生了連結，成為你生命的一部分。這些人都很重要，哪怕是一則小小的評論、一個眼神或一次揮手，都可能因為種種原因對你產生影響。」

我微微一笑。「你讓我想到一個人。我曾經跟著一位救生教練學了兩年。有一週他缺課，由代課老師來指導我。短短一小時，她就教了我許多關於救援時要保持自信的道理。我一直希望她能再來代課，但她再也沒出現過。比起教了我兩年的教練，她對我的影響反而更深。」

外公點點頭：「傑克，我就是這個意思。有時候最短暫的相遇，卻能帶來最深遠的影響。」

「那麼，最後一種人是誰呢？」

「就是那些你可能會碰面、卻從未交談過的人。他們在街上、在公車上，或在足球場上，與你擦肩而過。你在電視上看到他們，在收音機裡聽到他們的聲音，在公路上和他們並排行駛，或在海灘上和他們並肩躺著。他們是你生命中不認識的人，是素未謀面的陌生人。大多數都很善良，過著和你相似的生活，努力讓自己和家人擁有更好的生活，並嚮往和平。你或許永遠沒機會認識這些陌生人，但我敢保證，如果你能和他們坐下來共進晚餐，一定會發現大多數都是有趣的人。」

「我明白你的意思。有時我搭公車進城，會觀察車上的人，猜測他們是誰，要去哪裡，有沒有人做的是火箭科學家這種炫酷的工作。」

「我也常常這麼想。當陌生人經過你身邊時，試著對他們微笑，或許你能改變他們的心情。快樂會帶來更多快樂。你永遠有機會把第四種人變成第三種人，就是可能跟你有互動的人。在公車站遇到陌生人？試著讓這次相遇變得難忘。和他們交談，但不要只顧著講自己的事，你已經很了解自己了，認識別人才更有趣。多問一些問題：他們要去哪裡？有什麼興趣愛好？這會讓他們展露笑容，還能讓他們因為能和你分享自己的事而感到自豪。你不僅能認識他們，還能更深入地了解自己。短短五分鐘的對話，就能影響他人，幫助他們，給予他們希望或靈感。」

「如果這些陌生人不會再次出現在生活中，他們還是會影響我嗎？」

「地球上的每個人都會影響你的生活，因為他們會影響你生活中的其他人。每次的互動都會產生連鎖反應。散播愛，散播和平與微笑，讓他們快樂。**如果你想讓世界團結，那就散播快樂吧。快樂是會傳染的。當其他人感染了快樂，也會分享出去。越常這麼做，就越能幫助他人**。也許有一天，我們都能找到內心的平靜。」

「我會開始關注出現在生活中的人。」

「只關注那些能幫助你成長的人，他們才是最重要的。」

一如往常，外公說得對。「接下來要去哪裡？」

他再次轉動顯示牌：「專家建議」。

STOP 25

尋求專家的建議

找對問題問對人，事半功倍

霧氣中，一排看似政府機構的建築隱約出現在眼前。在其中一棟建築角落，一個約四公尺高、上面飾有字母「I」的招牌照亮了周圍的街道。「外公，你看，那裡有個資訊站。在這個地方，會有誰需要幫助呢？」

「也許是像我們這樣的訪客吧。雖然我們知道自己是在帷幕的另一邊，卻完全不清楚究竟是在哪個次元。我們看看能不能確定這個世界在哪裡。」

「聽起來很刺激，搞不好我們是在另一個星球上呢。」

外公微微一笑。「別傻了，我認為我們還在地球上，只是處於不同的振動頻率或波長罷了。」

「只有一個方法能知道答案，不過我也不確定能不能找到。」

我們推開一扇巨大的門，走了進去。書籍、手冊從地板一路堆疊至天花板，排列成一座座搖搖欲墜的書柱。在這個洞穴般的室內盡頭，一位女士坐在高聳的櫃檯後方，頭不停地左右轉動，目光掃視整個房間。我們朝她走去，鞋子在大理石地板上發出清脆的聲響。她低頭看著桌面，並未察覺我們的存在。

外公輕咳一聲。「打擾一下。」他的聲音在空曠的房間中迴盪。

那位女士嚇了一跳，臉上浮現吃驚的表情。她從高高的櫃檯上探出身子，我幾乎以為她會摔到地上。「你們是誰？來這裡做什麼？」

「我們想找一些資訊。」

她從頭到腳打量我們。「資訊？那些書的資訊可多著呢。」她指著那些高聳的書柱說道：「歷史、科學、地理、人物，還有上千種其他主題。隨意瀏覽，想找什麼資訊就儘管去找，所有東西都在這裡了。」

她一定是坐下了，因為我們看不見她了。櫃檯太高，看不到另一側。外公再次輕咳。這次她從櫃檯上探出身來，臉剛好與外公齊平，把我們嚇了一跳。她看起來十分嚇人：蓬亂的頭髮從灰色漸變成黑色，中間還有一道閃電般的紋路，鮮紅的唇膏和厚重的黑框眼鏡更添幾分怪異。

「喉嚨不舒服嗎？」她問道。

「沒有。」外公答道。

「那你為什麼一直發出那種奇怪的聲音？」

「我只是想引起妳的注意。」

「為什麼？你不會說話嗎？」

外公看了我一眼，朝門口微微點頭。但那位女士還有話要說。「何不試試這樣引起我的注意：『您好，您好，請問一下？喔，無所不知、萬人景仰的圖書館員，請告訴我答案好嗎？』」

我向前一步。「抱歉，我外公很少出門，他不知道您這裡的規矩。在我們那裡……」

女士縱身跳過櫃檯，落在我身旁。她把臉湊得很近，近到我都能感受到她的呼吸拂過臉頰。她取下耳後的鉛筆，戳了我一下。「解釋一下你所謂『在我們那裡』是什麼意思。」

「我想我們該走了。」外公抓住我的襯衫，把我往門口拉。

「這裡是你們想來就來、想走就走的地方嗎？你們還沒提問呢。」

「沒關係，我們該走了。謝謝您的協助。」我大聲說道。

「我還沒提供任何協助呢，你們必須提問，而回答問題就是我在這裡的原因。要是每個人都懂得如何正確提問該有多好，世上拙劣的問題太多了，難怪我們會落得這般境地。」

就在我們走向門口時，圖書館員突然飛奔起來。她一蹦一跳地躍上一架高高的梯子，用尖細的嗓音唱著歌，在書柱間穿梭，腳下的梯子如同機器人般左右移動。她趕在我們之前抵達出口，用力關上大門，順著梯子滑下，從脖子上的鍊子中取出鑰匙，把我們鎖在裡面。

「我就直說了。要麼提問，要麼永遠留在這裡。我說得夠清楚嗎？」她露出不懷好意的笑容。

「我們只是想知道這是哪裡。」我低聲說道。

「你們是在考我嗎？你們以為這裡是什麼地方？」

她手腳俐落地爬上梯子，斜倚在一排書柱上，手指以閃電般的速度翻動書頁。當她沿著書柱一路往下翻找時，書也一本接一本地從她肩後飛出，每本都完美地疊放在一起，又堆成了一排新的書柱。「找到了！」她大喊一聲，衝回我們身邊。「根據這些書的資料，你們的問題答案如下。」她指著書頁上的四個字：你在這裡。

「但這裡是哪裡？」外公問道。

她把鼻子湊到外公面前。「這裡就是這裡。」她每說一個字，就用手指點一下外公的胸口。「這裡還能是哪裡？無論你在哪裡，你始終都在這裡。不過很多人從未真正活在當下。他們更常待在那裡，而不是這裡。」她輕笑起來。

外公把頭從她面前挪開。「孩子，我們該走了。」

「等等，你們還不能走。我費了好大一番工夫才找到答案，你們還沒跟我道謝呢。」

「但您又沒說我們在哪裡啊。」

「我告訴你們了啊。我說了：你在這裡。」

「我們聽見了，但這裡是哪裡？是哪個國家？」

「那很重要嗎？人們都活在自己的腦袋裡，根本沒有什麼國家之分。你只會在這裡。」她指了指地上，又指了指自己的頭。「只要你在這裡、在此時此刻，就已經是在你想去的任何地方了。」

外公神色疲憊，顯然已失去繼續交談的耐心。「我們想找到全宇宙最好的座位。」他說。

「就這樣？你們只會出難題考我嗎？請說清楚，是哪個座位？哪個宇宙？『最好』這個說法本身就很主觀。」

「我明白了。那麼，請問有多少個宇宙呢？」外公問道。

「又來了，你就是想考倒我是吧。這個問題沒有確切的答案，我認為這是個不斷演變的問題。」

「您說得對，感謝您提供如此精闢的見解。」外公說道，顯然已忍無可忍。「能麻煩您開門嗎？」

她的臉扭曲起來，湊得更近。「但我希望你們再多問我一些問題。」

「我很想繼續聊，但我們真的該走了。謝謝您。」

外公悄悄取下掛在那女人脖子上的鑰匙。她想抓住鏈子，但動作不夠快，沒能阻止外公開門。我們推門而出，重新踏上人行道。外面陽光普照，感覺舒適多了。

我們相互對視。「外公，她太誇張了啦。」我終於開口。

「是啊，傑克。我想我越來越懂這個地方了。得弄清楚我們究竟在哪裡。」

「我知道我們在哪裡。」

「你知道？」

「對啊，我以為你也知道呢。我們在這裡，一直都在這裡。」我指了指地上，又指了指自己的頭。

外公輕拍一下我的後腦勺，我們不禁笑了起來。

「傑克，說正經的，她提出了一個很好的觀點。」

「什麼觀點？」

「關於人們提出的問題。重要的是，要思考自己想學習什麼知識，才能問對問題。」

「不是所有問題都是好問題嗎？」

「不是，很多問題只是在浪費時間。你可能希望找到一些重要的資訊，幫助你理解生活，比方說如何創業，或是健康與健身相關問題，又或者是一年當中何時播種才能有最好的收成。人們需要高品質的資訊，雖然世界上有很多知道答案的專家，許多人卻仍選擇隨便請教一些不夠資格的人。」

「你說的隨便請教是什麼意思？」

「就是說，在需要資訊時問錯人。」

「為什麼會這樣？」

「問得好，傑克，但這就是人類的困惑。」

我們坐在公園長椅上，靜靜地看著這個奇異的世界流逝。一位女士正費力地拉扯著十隻圍著樹亂竄的狗。

外公開始講述他的故事。「全世界有數以百萬計的人坐在公園長椅上、扶手椅裡，或是酒吧的高腳凳上。他們坐在那裡等。」

「等什麼？」

「等有人問問題。」

「什麼樣的問題？」

「任何問題。傑克，重點就在這裡，問題的內容其實並不重要。他們豎起耳朵，聽到有人說經濟一團糟。他們東張西望，等待時機，忍住不說，表面上看似平靜，內心卻迫不及待想告訴你他們的想法，提供免費的建議。」

「這有什麼不對嗎？」

外公看著我搖了搖頭，並未立即回答。「傑克，我的人生哲學很簡單。我認為每個人都是自己領域的專家，因為這個世界需要他們來解決問題。」

「比如誰呢？」

「嗯，如果你家屋頂漏水，你不會去問酒吧職員，而是會找屋頂修理工。想了解汽車引擎，就該找汽車技師。」

「啊，我明白你的意思了。你是說，如果我想知道某支足球隊的表現如何，應該問教練，而不是問爸爸嗎？」

「完全正確。食物的事要問廚師，黃金或鑽石的事要問珠寶商，動物健康的事要問獸醫。這樣的例子還有很多。重要的是，**每次問錯人，得到的往往是錯誤的答案、臆測，或是建立在非專業知識上的資訊或意見**。這就是那位圖書館員想告訴我們的道理。她說得對，我們不知道要怎麼問對人，也不知道怎麼問對的問題。」

「所以該問農夫什麼時候種馬鈴薯和如何施肥？」

「你終於開竅了。我們問錯人，也問錯問題，這樣會阻礙社會進步。我們需要教育大家。如果有人想創業，最好的諮詢對象應該是那個專業領域的企業家。想開美髮沙龍的人去問製造零件的企業主，這樣就不太恰當。當然，他們可以提供一些通用的商業建議，但他們也很清楚，沙龍老闆才更了解如何經營沙龍，知道成功或失敗的原因。」

「如果我想成為百萬富翁呢？」

「那就去請教百萬富翁。問你那個口袋裡連兩塊錢都沒有的叔叔或朋友有什麼用？」

我點點頭。「這就是為什麼我讀大學時找了數學家教，而不是問媽媽？」

「沒錯。你媽媽可能懂基礎數學，但你真的相信她的答案？數學老師可是每天都在算數學呢。」

「外公，我明白了。」

「按照這個建議做，你會少走很多冤枉路，人生也會輕鬆許多。好了，我們下一站去哪裡呢？」

我想了想。「外公，你想知道什麼？」

「我想，我們應該看看為什麼會有這麼多人擔心那些幾乎不會發生的事。」

「我懂你的意思。每次我和朋友出去喝酒，媽媽就會擔心得睡不著覺。不管我怎麼跟她說，她還是堅持要等我回家才肯休息。」

「這是母親的天性。她一路看著你長大，很難不去保護你。你應該感激她這麼關心你，有很多母親可是不關心子女的。」

「我想你說得對。」

「我們來設定目的地顯示牌吧。」他從駕駛座上起身，把顯示牌轉動到：

「不要擔心」。

STOP 26

不要擔心

知識能消除大部分的「怎麼辦」，讓你充滿信心

外公駕駛巴士，臉上掛著笑容。我好奇他為什麼看起來很少生氣或難過：「外公，你難道什麼都不擔心嗎？」

「當然會啊，每個人都會有擔心的時候，但我會先判斷這件事是否真值得擔心。很多時候，人們會過度擔心那些自己無法掌控的事情，這樣只會徒增壓力，根本沒有必要。」

「你是說像無法準時收成這種事？」

「不是，傑克。那是一個過程。我們能掌控田地，能決定何時收成。我說的是那些我們無法掌控的事。」

「比如說？」

「比如天氣。身為農夫，我們當然希望能掌控天氣，但我們做不到，那又何必擔心呢？」

「爸爸就很愛擔心。」

「是啊。我告訴過他很多次，別老是擔心這擔心那的。這就是為什麼我要告訴你，在駕駛你的巴士時，要清楚自己能掌控什麼。」

「我以為一切都在我的掌握之中。」

「你可能會這麼認為，但實際上，大多數人都做不到。如果你的兄弟姊妹想要離開家，你幾乎阻止不了。當然，你可以試著說服他們留下，但如果他們已經下定決心，最後還是會離開。」

「你的意思是，除了盡力掌控我們能掌控的事，其他的事我們幾乎無能為力嗎？」

「正是如此。專注於困擾你的事，而不是世界的問題。」

「我覺得我不會擔心世界大事。」

「其實我們都會擔心。媒體每天都在向我們推播負面新聞。我們會擔心發生在千里之外的事：饑荒、洪水、颶風和氣溫上升。沒有人能單靠自己控制這些自然現象。這不是說我們不能共同努力促成改變，但擔心也沒用，只會徒增不必要的壓力。」

「就像今天這麼酷熱的太陽，我們無法調降溫度，只能接受現狀。」

「沒錯。我們也會擔心那些極少發生的未來事件。要是戰爭爆發怎麼辦？要是發生水災怎麼辦？要是火山噴發怎麼辦？這樣怎麼辦？那樣怎麼辦？這些『怎麼辦』是永遠擔心不完的。」

「外公，如果有些事真的發生了呢？」話一說出口，我就忍不住笑了出來。

他搖搖頭。「乍看之下，你的擔憂似乎有道理。異常事件確實有可能影響到你的生活，但實際上這些事很少發生。在百分之九十九的情況下，擔心只會徒增壓力。」

「所以，我沒什麼好擔心的。」

「正是如此。大多數的恐懼源於無知。當你聽說某種病正在全球大流行時，應該仔細評估。首先，了解這種疾病的相關事實；其次，相信科學界的專家，而不是媒體。媒體是靠製造恐慌來獲利的。」

「永遠都要聽從專家的建議。」

「沒錯。我父親曾告訴我，我沒什麼好擔心的。他說：『累積知識、充實自己，大多數聳人聽聞的報導就會在你面前不攻自破。』」

「那你做到了嗎？」

「我試過，但做不到。我還是會擔心成績、女朋友、有沒有能力把農場經營好，老是緊張兮兮的。」

「那你是怎麼學會不再擔心的呢？」

「嗯，這事說來有些奇妙。我爸反覆強調知識和理解的重要性。有一天，他要我坐下來數到十。我覺得很奇怪，但還是照做了。然後他問我確定數字正確嗎？『當然正確啊。』我說。他問我有多確定，我說我百分之百確定，還在他面前大聲數了一遍。父親又問我，有沒有可能漏掉哪個數字，或是多數了一個。我當然說沒有，還更大聲地再數了一遍。

「『兒子，你懂了。』他對我說。

「『我懂什麼了？我剛才只是從一數到十而已。』

「『不，』他回答，『你不只是在數數，你做的事可多了。你對自己的答案充滿信心，確定自己百分之百正確。當你對某個領域瞭如指掌，就擁有了專業知識。』」

外公停頓了一下，我有點跟不上他的思路。「讓我理清一下。曾祖父要你數到十，然後告訴你未來的人生沒什麼好擔心的？這兩件事有什麼關係啊！」

「嗯，還是有點關係吧。他向我證明，如果你的知識夠扎實，就沒什麼好擔心的，永遠都不必擔心！他說，**如果你對某個領域瞭如指掌，就可以放心，因為你知道基於這些知識所採取的任何行動，都會帶來正確的結果。**」

「我一定是太笨了，還是不懂。」

「年輕時務農，我會擔心很多事。擔心牛群走失迷路，擔心耕錯方向淹沒了鄰居的土地。最糟的是，擔心牲口沒有足夠的飼料。」

「你真的擔心很多事呢。」

「確實如此。但是，隨著一季又一季過去，我累積了不少經驗。就像數到十，一旦學到更多知識，我就能掌控局面。我建造了堅固的圍欄來保護牛群，研究了土地的坡度來確定犁田的方向，儲備了額外的飼料，確保能度過嚴冬。我的篤定來自於知識。我學到的東西越多，擔心的事就越少。」

「你是說，只要對某個領域瞭若指掌，自然而然就不會擔心了？」

「不會完全不擔心，但擔心的事會少很多。你不可能完全不擔心，但知識能消除大部分的『怎麼辦』，讓你充滿信心。」

「我明白了。如果拖拉機發動不了，你不會擔心，而是去拿工具。」

「沒錯。每個領域都是一個新的挑戰。就像撫養嬰兒，每個新手父母都擔心這個小生命。當嬰兒一哭鬧，你會想盡一切方法讓他停止。但隨著知識增加，你學會用更清晰的頭腦來評估情況。當嬰兒哭了，你不會恐慌。你知道他需要關注，可能是餓了、需要換尿布，或是太冷太熱。無論遇到什麼問題，只要運用知識，就不會過度擔心。你學會了從容地應對嬰兒的需求。等到有了第二個孩子，當他哭鬧時，養育第一個孩子的經驗就會派上用場，你也不會那麼慌張了。」

「但如果嬰兒生病了呢？外公，那樣你也不會擔心嗎？」

「當然會擔心啊。但你必須審慎應對，因為擔心既無助於解決問題，也改變不了現狀。嬰兒生病是父母最大的惡夢，我們必須承認自己知識的局限。這時候，就該去看醫生。醫生的工作是評估孩子的狀況並採取行動。你絕不會看到有醫生在孩子生病表現出擔心或恐懼。他們會保持冷靜，按照既定程序逐一檢查症狀，最後做出診斷。一旦醫生找出問題所在，他們會根據多年經驗開立治療方案或藥物。醫生的知識比我們豐富。當我們驚慌失措時，醫生卻能清楚地知道整個流程。」

「對農夫來說，惡劣天氣影響農作物也是一樣的道理。」

「沒錯。這種事在我的人生中發生過許多次，以後也還會發生。」

「外公，那時候你會擔心嗎？」

「當然會擔心啊，但我又能怎麼辦呢？當無法掌控局面時，就只能接受現實，這就是為什麼『接受』如此重要。農作物毀了就毀了，擔心又能做什麼呢？什麼也改變不了。身為農夫，我的工作是播種、澆水、施肥，照料作物生長。如果天氣不配合，換誰當農夫都一樣無能為力。這就是大自然最純粹的力量。務農時，你必須預期到每八到十年就會遇到一次歉收年。如果能以這樣的預期來規畫，就能每年都儲存一些資源，等糟糕的年分來臨、而且這件事一定會發生，你的預先規畫便會讓日子過得輕鬆些。如果事先明白這一點，就能接受它、處理它，然後繼續過日子。這些都是考驗，永遠不要擔心無法掌控的事情。」

「我懂得越多，就越不會擔心。」

「很好。知識可以消除猜測與不確定性。如果你知道數字七排在數字六後面，那就是真正懂了。百分之百確定答案能讓你做出正確的決定，所有學問都是如此。能多學一些就多學一些吧。」

「外公，謝謝你。我現在不會那麼擔心了。」

「你還很年輕，不該擔心這麼多事情。我爸常說，唯一該擔心的是你的心臟下一秒鐘還會不會跳動，然後他會接著說，如果心臟不跳了，那你也沒什麼好擔心的了。」

我們都笑了。

「外公，下一站去哪裡？」

「傑克，這次去個簡單的地方。」他把顯示牌設定在：「恐懼」。

STOP 27

他人帶來的恐懼

參考他人的意見，但別動搖自己的內心

我們在這個奇異的世界遊歷，感到既陌生又熟悉，彷彿回到了家鄉，但眼前的異象卻不時提醒我們確實身在他方。我們欣賞了一些怪異而奇妙的景象：當地人將彩虹的光芒裝進罐子裡，與樹木對話，還有孩子搖搖欲墜地掛在風箏上，在空中盤旋。

我們來到一座大城鎮，找了個地方停車。街上一片死寂，看不見一個人影。我環顧四周，注意到一扇窗戶後面掛著一幅繪有眼睛的黃色大窗簾，那眼睛似乎正從簾後窺視著我們。「外公，你看那裡，」我指著窗戶說道，「你覺得那代表什麼？」

「我看到了，看起來像有人躲在窗簾後面偷看。也許這黃色有什麼特殊的

意義。」

「什麼意義呢？」

「是一種恐懼的象徵，人們因為恐懼而限制了自己的生活方式。」

「他們在害怕什麼呢？」

「從小就被灌輸的錯誤觀念。恐懼是天性，是我們與生俱來的本能，也是每個人的生存機制。」

「為什麼會有這麼多讓人害怕的事情？」

「其實並沒有那麼多。很少人真正遭遇過生死攸關的時刻。大多數我們感受到的非自然恐懼，都來自他人的想法。」

「我不太明白你的意思。」

「這種恐懼從你小時候就開始了。大人告訴你閣樓或地下室有鬼，父母用這種善意的謊言阻止你在他們不在家時四處亂闖。但其出發點是善意的，那些地方存放著危險的化學品、除草劑、漂白劑和其他不適合孩子接觸的東西。他們只是想阻止你去不該去的地方亂翻。」

「這讓我想到念書時，有人告訴我們最後一個離開更衣室的人會看到鬼。」

「傑克，這正是我想說的。這種看似無傷大雅的故事，卻可能影響心靈，造成多年揮之不去的恐懼。」

「我確實受到影響。每次第一個衝出更衣室的人都是我。」

「但這種經歷後來對你有什麼影響？這些故事造成恐懼，而你又從中學到更多恐懼。因為你看不到真相，於是不斷累積這種恐懼。這些毫無根據的恐懼，只因為小時候聽了那些捏造的故事，感覺跟真的一樣。多年後也沒人來告訴你，那些故事都是他們捏造的，世界上根本沒有鬼。你現在很容易感到害怕，這會讓你在嘗試新事物時產生疑慮。」

「外公，例如什麼呢？」

「一些小事，例如有人說如果你考試成績不好，就永遠不會有出息。」

「但這是事實啊。沒有像樣的成績，誰會僱用我呢？」

「傑克，我不同意這種說法。好成績是有幫助沒錯，但很多畢業時成績平平甚至不及格的學生，最後也能一步步做到管理階層。許多企業主從未受過正規教育，但他們有決心、態度和意志力，即使周遭的人都說他們會失敗。」

「我相信他們起步時一定比別人辛苦許多。」

「也許吧，但對有抱負的人來說，這不過是另一個挑戰罷了。如果你沒有學歷，要怎麼憑藉自己的能力來逆轉勝呢？學校和考試只是墊腳石，僅此而已。它們並不能決定你會成為什麼樣的人。你的成功取決於你將巴士駛向何方，關鍵在於你的心態。」

「但好成績肯定能讓人找到更好的工作吧？」

「也許吧。確實有許多工作如果沒有學位就應徵不上，但也可以長大後再去進修。很多孩子因為種種原因不適合學校教育，這就是為什麼會有成人教育。如果有人覺得需要，可以去讀夜校。」

「爸爸就是這樣。他去讀夜校，學習農業知識。」

「沒錯。成功來自一個人有多少決心，這能讓最優秀的人脫穎而出。我認識一些受過高等教育的人，卻因為態度不對連一天的工作都做不好。我也和一些教育程度不高的人共事過，他們在工作崗位上表現出色，卻被當成笨蛋，被說永遠不會有出息。但如果讓他們開拖拉機去耕地，他們高超的技術會讓你驚嘆不已。」

「他們不喜歡上學嗎？」

「他們沒辦法喜歡，他們的思維方式跟學校格格不入。很多孩子能在結構化的課堂環境中，透過讀、寫、算數來學習，但也有許多人無法適應正規教育，無法專心聽指令，整天只想著畫畫或跳舞，這常常讓老師感到生氣。這不是這些孩子的錯，他們天生如此。」

「你是指他們大腦運作的方式嗎？」

「正是如此。每個人都是獨一無二的，沒有哪句話比『我們都是獨立的個體』這句話更有道理。你不需要接觸一整間教室的學生，也能明白這個道理。只要有兩個以上孩子的父母，都很早就知道孩子之間的差異有多大。我常常想，為什麼教育系統看不到這一點。正規教育對待所有學生的方式都一樣，但每個學生都是不同的。許多孩子無法在教室裡專心上課，他們更喜歡在戶外學習，因為那樣讓他們感覺不受拘束。」

「但如果他們不在教室上課，那教育制度不就亂了嗎？」

「為什麼會呢？他們最不想待的地方就是教室。不管怎麼告訴他們學校教育對他們有益，都是徒勞無功的。到了某個時間點，他們就會反抗，並找到適合自己的方式。事實上，大多數人即使沒有學位，也能過得很好。我從未見過有人因為在學校考試不及格，就被人說『完蛋了，你沒救了，乾脆放棄人生算了』。」

「外公，這聽起來太離譜了。不過我想你說得對，每個人，就連我上學時那些成績不好的同學，最後也都找到工作了。」

「這就是我想說的。無論有沒有考試成績，生活都會繼續。在考試制度出現之前，世界仍不停地進步。工匠建造了宏偉壯麗的廟宇，工藝複雜精湛，至今仍然屹立不倒。金字塔是四千年前建造的，而當時參與建造的人沒有一個擁有學位。」

我思索外公的話。我從未想過，工匠在沒有接受正規教育的情況下，是如何建造出這些令人讚嘆的建築。「我拿到好成績時，你高興嗎？」

「傑克，說實話，我不是很在意。你已經充分了解農場事務，也知道該如何經營，你不需要一張成績單來證明這件事。你的技能來自勤奮和實踐。我一直認為，一個人只要肯努力，態度端正，這樣就夠了。只要付出了努力，我從不在意實際的成績。」

「如果我每科都考不及格，你會難過嗎？」

「傑克，我不會。其他人才會出現這種反應。他們會慌張，會給孩子施加更大的壓力。我只會問你一個問題：『你盡力了嗎？』如果你說盡力了，那就什麼都不用說了；但如果你說沒有，我才真的會失望。你看，只要你盡了全力，結果對我來說一點都不重要。接下來我會問：『你接下來的目標是什麼？』如果我不是這樣對待你，你可能會因為沒有得到好成績而失去自信，覺得自己比不上別人。但你不該這樣想，這只表示別人有證書，而你沒有罷了。許多學者都有證書，他們擅長讀書、記憶資訊，並將記住的內容寫在紙上，僅此而已。他們可能沒有天賦，沒有創造力，也缺乏實際工作的技能。說不定他們還希望自己能更像你呢。他們能夠閱讀和理解公開演講的理論，卻可能無法站在人群面前發表演說。」

「那還有什麼讓人害怕的事呢？」

「哦，讓人害怕的事可多著呢。把燈關了，人就會怕黑。他們無法忍受站在漆黑房間裡的壓力，會冒冷汗，央求把燈打開。這是為什麼呢？」

「外公，是因為恐懼嗎？」

「傑克，沒錯。聽了那麼多荒唐的鬼故事和人心險惡的言論之後，心中累積了越來越多的恐懼。冷靜下來，分析一下發生了什麼事：燈熄滅了也沒什麼大不了，你所在的房間並沒有改變。沒有人進來，窗簾後面也沒有什麼人躲著，唯一的改變就是燈泡熄滅了。」

「媽媽一停電就害怕。」

「她一直都這樣，但其實不必害怕，黑暗其實很有趣的。你需要時間適應，感官會變得更加敏銳，聽覺會更加靈敏，嗅覺也會變得更強烈。許多人不去理解黑暗，反而因此感到害怕。他們的恐懼情緒再次浮現，卻從未學會如何接受黑暗。」

「我要試著把燈關掉站著體會看看。」

「很好。質疑你害怕的一切，看看它們是否真有正當的理由存在於你的生命中。如果不這麼做，你可能會像我一樣，陷入困境，甚至毀掉了自己好幾年的生活。」

「外公，什麼事情毀了你的生活？我從沒聽說過這件事。」

「這樣說好了。不要向別人透露你的想法，也不要以為他們會支持你。他們只會把自己的恐懼投射到你身上。」

「我不太明白你的意思。」

「很多年前，我本打算創業，開一間賣新鮮蔬果的店。我很期待，把每個細節都規畫好了。我尋找合適的地點，找到一間開放店面的小店，這樣我就可以在路人經過時在街上叫賣。」

「我怎麼從沒聽說過這件事？」

「因為我試著把這件事忘掉。我做好計畫，盤點了積蓄，知道我的機會來了。有天晚上，我邀請所有家人到家裡用餐。在等待揭曉驚喜的每一秒，我暗自竊喜，從沒這麼開心過。我在餐桌前站起來，準備宣布這個消息。

「『不會吧，他要結婚了？』我表哥說，『是誰這麼倒楣啊？』

「『別擔心，我不是要結婚，但我有個好消息要宣布：我要創業了。』我回應道。我興奮地告訴他們我的計畫。這是我最大的夢想，我相信它一定會成功。說完後，我邀請他們開張時來我的店裡慶祝。」

「那一刻一定很令人難忘。」

「你可能會這麼認為，但那個晚上卻成為我人生中最黯淡的一夜，跟我預期的完全相反。」

「為什麼？你本來以為他們會有什麼反應？」

「我以為家人會歡呼，會拍拍我的背，再點一根雪茄，祝我一切順利，還會主動提供幫助。」

「他們沒有嗎？」

「完全沒有。當我解釋我的計畫時，屋內變得越來越安靜，他們原本熱切的表情也變了。我說完後，我哥開口說的第一句話是我會把存款賠光。有個表哥說：『我們不是做生意的料，我們是工人，我們這種人是絕對不可能當老闆的，只會按照別人的吩咐做事。』聽了其他人說的話，我母親嚇壞了，於是苦苦哀求我看在家人的分上不要這麼做。我哥解釋說他認識一個商場老手，那人開了三間蔬果店，每一間都倒閉了。他對我說：『你憑什麼以為自己沒經驗也能做到？』

「傑克，那真是我人生的低谷啊。我心都碎了。這是我始料未及的打擊。我只好暫時擱置我的夢想，告訴家人既然他們這麼不安，那我就不創業了。他們和我握手，拍我的背。我母親臉上綻放如釋重負的笑容。接下來的時間，除了我以外，大家都很開心。有幾個親戚走過來告訴我，決定不創業是對的。」

「外公，放棄創業計畫真的是對的決定嗎？」

「不！那是我這輩子做過最糟的決定。我花了好幾年時間才真正釋懷。」

「但他們可能是對的，你可能會賠光積蓄。不是也有這個可能嗎？」

「是有這個可能。但是傑克，積蓄是用來做什麼的？為什麼存錢這麼重要？存錢不就是為了做想做的事嗎？就算我的生意失敗了，我也會很開心學到了很多東西。規畫店面會很有趣，裝設貨架和製作招牌會帶給我極大的滿足感。看到自己的名字掛在店門上方，那一刻會感到多麼自豪啊。看著家人到店裡時臉上的笑容，為顧客服務，了解他們最愛什麼食物，幫他們發掘新品種。如果我開店了，哪會有失敗這種事？我會從經歷中學到很多寶貴的教訓。」

「確實，但你的親戚可能認為他們的建議很有用。」

「傑克，你說得對。但錯在我自己，因為我聽了他們的話。我讓別人的恐懼主宰我的命運。他們認為金錢比體驗人生、獲得經驗更重要。當你內心強烈感覺到這個想法真不錯、非做不可時，就該堅持那個夢想。失敗不要緊。找出哪裡做錯了，然後一直嘗試，直到找到正確的方法。」

「如果你真的失敗了，可能就不會這麼想了。」

「這麼說也沒錯，但至少那會是我自己的失敗。家人是一片好心，但他們的眼界太狹隘，說我們是工人，不可能當老闆。誰都能當老闆，這就是夢想的意義。只要專心致志，沒有什麼做不到的事。多年後我重新審視自己的創業計畫，這次沒讓別人動搖我的信念。」

「你後來創業了？」

「沒錯，而且很成功。這次除了我母親，我誰也沒說。我向她解釋創業的風險，並請她不必擔心。蔬果店開了三個月後，我才陸續向家人透露這個祕密，沒想到這次他們居然以我為榮，還跟鄰居、朋友炫耀我們家出了個老闆。」

「為什麼他們這次的態度變了？」

「當我第一次告訴他們時，根本都還沒開始他們就害怕了。他們忍不住發表意見，轉述別人失敗的故事，你一言我一語，說服彼此創業是很糟糕的想法，於是負面情緒就爆發了。第二次創業時，我沒有告訴他們我在做生意。等我準備好告訴他們時，他們已經沒有理由抱持負面態度了，因為我的生意經營得很不錯，也開始賺錢了。他們開始支持我，為我加油。多年後，我把店賣掉，賺了不少錢。」

「所以你走自己的路，不去理會別人的恐懼。」

「沒錯。當你告訴親朋好友你不想再過安逸的生活，決定做出重大改變時，就會看到他們流露出恐懼，但不要讓他們動搖你的目標。**你可以聽聽他們的意見，不過最終還是要根據自己的感覺做決定。**」

「聽起來不錯呢，外公。」

「接下來要去哪裡呢？」

「我想到那些不成功的人，那些因為各種原因而掙扎或猶豫不決的人。不是每個人都能堅持下去，讓生活變得更精采。太多人只是得過且過。」

我看到外公在巴士顯示牌上新增了這個目的地：「崩潰」，卻仍然不確定那是哪裡。

STOP 28

崩潰的時刻

能和他人分享你的問題，情況就沒有那麼嚴重

「傑克，我們得繼續上路了。這趟旅程雖然精采，但我得趕緊帶你去全宇宙最好的座位。能睡就睡幾小時吧，今天實在是個不尋常的一天。」

巴士在夜色中行駛，我感到麻木和疲憊。外公將檔位調到最高，在公路上奔馳。此時，路上比先前安靜許多，車道上也不再擠滿巴士。我哈欠連連，淚水從眼角滑落。溫暖的空氣令我昏昏欲睡，頭一沉，便墜入夢鄉。

睡了大約二十分鐘，外公突然緊急煞車。我猛然驚醒，挺起身子，看見路中央停著一輛沒開燈的巴士。「小心！」我尖叫道，下意識舉起雙臂護住臉。

外公猛打方向盤，避開那輛靜止的車輛。車身失控旋轉。外公設法將車駛回原來的車道。「他們到底在幹什麼？怎麼停在路中央？」外公喊道。

「看起來像是拋錨了。」

我們把車停在路邊的草地上，然後在黑暗中沿路跑向那輛車，外公的手電筒光束在夜色中左右搖晃。司機是一名女性，正趴在方向盤上哭泣。

「妳還好嗎？」外公關切地問道，「妳停在路中央，嚇壞我了。」

「我不好。我本來要去一個地方，但我忘了那是哪裡。我再也撐不下去了。」

外公坐到她身旁。「沒關係，誰都會有忘記的時候。」他伸出臂膀摟住她的肩膀，將她拉向自己。「朋友啊，我們的生活壓力都太大了。有時生活真的很不容易，跟別人訴訴苦，能稍微減輕壓力。這麼做會有幫助的，因為妳會發現自己並不孤單。」

女士點了點頭，聲音哽咽地說道：「這趟路走得越久，我就感到越疲憊。我不想再醒來了，我的時間到了。」

「我懂。這種情緒很常見，我們都曾經有過這樣的時刻。生活有時確實會讓我們喘不過氣來，但妳的旅程還沒有結束。看看妳，妳能給世界帶來許多貢獻呢。」

「我不這麼認為……」

「當然有啊。想想看，外面有誰需要妳的幫助？」

她緩緩開口，每個字都夾帶著沉重的呼吸：「大概是我孫子吧……還有我們那裡的保齡球俱樂部需要我幫忙修繕會館。」

「這是個不錯的開始。妳的孫子需要妳做什麼呢？」

「他們需要我幫忙的事可多了。他們需要有人指導。我媳婦認為我老是灌輸些沒用的觀念，但我覺得他們需要像我這年紀的人，給他們一些直截了當的建議。跟孫子在一起時，我感覺特別有活力，也更像真正的自己。」

「太好了，」外公說，「我也在這趟旅程中，跟我孫子分享一些對生活的體悟，幫助他更了解人生的意義。他就在這兒。他叫傑克。」

我猶豫片刻，然後邁出一步。「女士，很高興見到您。」

女士打量了我一番，隨後將目光轉向外公：「他知道自己要去哪裡嗎？」

「他還不是很清楚，但正在慢慢領悟。」

她往後靠去，閉上了眼睛。

「妳的目的地顯示牌壞了，這表示妳正在漫無目的地遊蕩。」外公說，「我幫妳在牌子上添個地方，幫助妳重回正軌。」他轉動操縱桿，讓名稱旋轉起來，最後停在：「孫子們」。

他還設定了下一個目的地：「保齡球俱樂部」。

「這樣好多了。妳又有計畫了，明天只要跟著妳的目的地顯示牌往前開就可以了。記得，這個世界需要像妳這樣的人去幫助他人。我們先把妳的巴士停在路邊休息區，妳好好睡一覺吧。」

「太好了，這幾天實在太累了。」

「誰不是呢？」

外公扶著那位女士走到她巴士後排的座位，幫她蓋上一件外套，再將她的巴士開到路邊休息區，為她調暗車內燈光。我以外公為榮。他總是樂於助人，即使對方看起來有些古怪，也總是優先詢問別人是否需要幫助。

「妳現在沒事了。」外公對那名女士說，「慢慢來，好好休息。醒來後，跟著我幫妳設定的目的地前進。妳現在有了方向和目標，要好好把握。」

「太感謝你了。」她說，「真希望能報答你。」

「會有機會的。」外公說，「等妳感覺好些，就去幫助妳提到的那些人。」

女士微微一笑。我們輕輕關上她的車門，回到自己的巴士上。「你覺得她會沒事嗎？」我問道。

「她會沒事的，只是有點累而已。」

「她崩潰了是嗎？」

「是的，孩子。這沒什麼好羞恥的。當我們被壓得喘不過氣來，都會有崩潰的時候。這很正常。沒有人能一直保持在最佳狀態。至少她願意說出來。**只要你能和他人分享你的問題，情況似乎就沒有那麼嚴重了**。真正令人擔心的，是那些有問題卻不願開口的人。他們才是我們需要伸出援手去幫助的人。」

「幸好她願意跟你說。你很擅長幫助別人。」

外公笑了笑。「好了，傑克，我們去尋找全宇宙最好的座位，然後就送你回家。」

我們繼續在夜色中前行，留下那位女士安穩地睡在她的巴士裡。她的狀態比之前好多了。

我打了個哈欠。「我好累，才剛睡著你就踩煞車了。」

外公理解地點了點頭。「這就是人生啊。你擬定了計畫，結果計畫卻改變了。你必須適應不斷變化的環境。不只是我們在幫助那輛巴士上的女士，其實她也在幫助我們，教導我們一些新的事物。」

我不太明白她教了我們什麼，也老實告訴外公。

「她的迷惘，她對自我價值的懷疑：她漸漸忘了自己對那些愛她的人有多重要。她需要的只是一點鼓勵，一個可以傾訴的對象，以及稍事休息，恢復精力。如果你在任何情況下都能保持警覺，並尋找學習的機會，一定會有收穫。」

「我之前並沒有注意到這一點，應該更留意才是。剛才我只看到你怎麼幫她，但現在我明白了。」

「我們繼續前進吧，時間不多了，得趕緊送你回醫院才行。我們最後再去幾個地方，然後就送你回家。」

「我很想回家，但我會想念在這裡的時光。這次的歷險太有趣了。」

外公笑了笑。「的確如此，但要記住，人生就是一場體驗，經歷了某件事之後，就繼續向前邁進。真正的回報永遠存在你活著的當下，而非之後的回憶。所以，活在當下吧。當你學會保持清醒，每分每秒都見證自己的生命，就會帶來真正的改變。」

他再次設定了目的地顯示牌：「發揮影響力」。

STOP 29

發揮影響力

幫助他人，沒有人會因為付出而變得貧窮

從山坡高處望去，直到視線盡頭，天空暈染著彩虹般的絢爛色彩。如此壯闊的景象前所未見，令我們深深沉醉其中。「你不覺得很神奇嗎？我們只是地球上七十多億人口中的兩個。」外公低聲說道。

「哪裡神奇了？」

「想像一下，如果我們不曾相識。我是說，為什麼是我們？為什麼我們能共同經歷這麼特別的時光？你難道不會對這些事感到好奇嗎？」

「你是我外公啊，所以我們才會這麼親近，對彼此瞭若指掌。」

「我同意，傑克，但從更深層、更靈性的角度來看，為什麼我們會一起經歷這趟旅程？這讓我覺得，你注定要出現在我的生命裡。你有多重要？你又為

這個世界帶來了什麼改變？」

「我？我一點都不重要。跟那些名人、企業家或政治家相比，我只是個住在新英格蘭農場的無名小卒。」

「孩子，別這麼說。永遠不要貶低自己，也不要拿自己的價值和他人比較。某個人出了名，並不代表他就比你優秀。為什麼出名就代表更優秀呢？對我來說，更重要的是你能否留下深刻的印象。」

「但我被困在農場裡，根本無法做到這件事啊！誰又會知道我是誰呢？」

「我知道啊。」

我和外公深深對視。凝視著這張我一生都愛著的臉龐，第一次注意到他臉上的皺紋。那些皺紋既映襯著幸福，也鏤刻著痛苦。「你說你知道是什麼意思？」

「生命的意義，不在於獲得全世界的認可，而在於得到一個你真正重視的人認同。傑克，就像你為我做的那樣，你讓我的生活變得截然不同。」

「外公，我還是不明白。認識我怎麼會改變你的生活？」

「傑克，每個人都能發揮影響力。無論是總統還是乞丐，每一個你認識的人，都在影響著他們所處的社群。每個人都在豐富他人的生命。沒有人在出生後，從未讓他人快樂、微笑或哭泣。我們每個人都在某些時刻觸動了他人的生命。名聲、財富或社會地位，或許能讓某些人對大眾發揮更大的影響力，但如果你能主動接觸並豐富他人的生命，即使只有一個人，也已經做了最有影響力的事。」

「我不知道我做過什麼影響他人的事。」

「傑克，很少有人真正明白自己所帶來的影響。你遇見的大多數人，都因為你而感到快樂。如果沒有和你一同經歷這些，我的生命會有多麼貧乏！而你又給你的家人、朋友和所有關心你的人帶來了什麼？你觸動了他們的生命，這是永遠無法抹去的。在這個相互連結的宇宙中，你永遠與他們緊密相連。這，就是發揮影響力的真正意義。每個人都夢想著改變世界，成為名人，死後為世人長久銘記，但大多數人不會成名，而是過著平凡樸實的生活，努力讓家人過得更好。每個社群中，都有像你我這樣的人，也就是實作者、助人者，努力改善自己所在地區生活條件的人。我們為社區中心奔走，照顧老一輩，努力為孩子們提供更安全的公園和活動場所。這些都是普通人為家鄉帶來的重要改變。這些無名英雄不求成為焦點，但他們卻發揮了深遠的影響力。」

「我從沒這麼想過。」

「那我現在再問一次，跟別人相比，你有多重要？」

「我不會比別人更重要，或許我們一樣重要吧。」

「傑克，這答案相當不錯。千萬別忘了這一點。**幫助他人，你就會成長**。有位智者曾說，沒有人會因為付出而變得貧窮。」

「外公，我一定要付出嗎？」

「孩子，一定要付出。把這件事納入你的人生計畫中，你得到的快樂，將遠超過你的付出。」

「那我該付出多少呢？」

「能付出多少就付出多少，無論是時間或金錢。幫朋友買東西、跑腿，幫鄰居修東西。你為別人做的每件事，對你來說可能只是小事一樁，但對接受幫助的人來說，卻是莫大的恩惠。」

「為什麼一件簡單的差事會讓人覺得是莫大的恩惠？」

「因為很少有人願意主動幫助別人。所以，當有人無私奉獻，並且不求回報時，對方會感到震驚，居然有人願意花時間、費心思幫助他們。傑克，要記得，你付出什麼，就會得到什麼。」

我想起那位崩潰的女士，反思外公說的話。我一向願意花時間幫朋友忙，今後我會盡量多做一些。

「傑克，如果你沒有什麼可以給別人的，至少可以對他們微笑，那也是一份特別的禮物。」

我不由得笑了起來。「我們現在要去哪裡？」

「嗯……我常想，生活其實已經很完美了。」

「外公，我可不這麼認為。生活中有一大堆問題，拖拉機壞了，銀行催債，這哪叫完美？」

外公爽朗地大笑。「這就是我所謂的完美啊。」

他將目的地顯示牌設定在：「完美」。

STOP 30

末雕之木

換個角度看事情，萬物皆有美好的一面

外公將巴士停在路邊一處休息區，從這裡可以俯瞰一座壯觀的城市，這座城市與我們先前見過的任何城市截然不同。城市被一個巨大的玻璃穹頂籠罩，與外界隔絕。建築物的燈光映照在這層透明保護罩上，點亮了夜空。穹頂外閃爍著綠色與紫色的雷電光芒，劃破天際。我打破沉默。「我覺得今天晚上在花園裡的那些雕像真好看。」

「我也這麼認為，確實十分精緻。你最喜歡哪一個？」

「龍在嬉戲的雕像。」

「我也喜歡。以木雕作品來說，確實十分生動，細節也相當豐富。」

「沒錯。我還喜歡那三匹馬用後腿站立跳舞的雕刻。我總覺得藝術家能把

木頭和石頭雕刻得這麼逼真，真是不可思議。要是能有這樣的技藝，創作出令人驚豔的藝術品，該有多好。」

「當然很好。欣賞他們的才華，但別錯過身邊真正的美。」

「什麼意思？我應該沒見過比那幾匹馬更令人印象深刻的東西了。」

外公從巴士後門下車，走到花園一側，等待我跟上。在那裡的灌木叢中，躺著一塊形狀扭曲的木頭，上面長滿青苔。他彎腰撿起。

「傑克，你對這個有什麼想法嗎？」他把這塊木頭舉到我面前。

「這只是一根爛樹枝。」我興趣缺缺地回應。

外公把腳擱在花壇旁的一塊大石頭上。「那這塊石頭呢？」

「外公，那就是塊普通石頭，一點也不特別。你看，山坡上到處都是。」

「沒錯，但你仔細看每塊都不一樣。這兩樣東西跟公園裡的雕像相比如何？」

「跟雕像比？你認真？」

「很認真。」

「唉呀，根本沒得比。它們看起來平淡無奇，這塊石頭一點吸引力也沒有，這根木頭也在腐爛。它們不是你會放在家裡的東西，對吧？」

外公笑道：「我會啊。」

「你不是認真的吧。」

「比你想像的還要認真。」

我忍不住發笑。「外公，不要跟我開玩笑了。你是說，如果可以在客廳放那三匹馬的雕像或這塊石頭，你會選這塊石頭？」

「這不是非此即彼的問題，而是美就在眼前，你卻看不見。」

我搖搖頭。「我不懂。美在哪裡？」

「美無所不在。」

「你確定？」我實在看不出來。「那看起來就是一根長著青苔的斷枝，石頭也是灰撲撲的，平凡無奇。」

「傑克，你該換個角度看事情。你聽過『未雕之木』或者『侘寂美學』嗎？」

「沒有，我沒聽過。」

「佛教徒相信，一切事物當下的狀態都是完美的。這塊石頭本身很漂亮，完美而自然。上面的每一處瑕疵、每一道裂痕，都是歲月留下的印記。五十年後，這塊石頭或許會有所變化，但無論何時被注視，它都是完美的。相較之下，那三匹馬的雕像則會引發諸多爭議和分歧。有人覺得它美，也有人持相反意見。有人會說，如果藝術家多做了這個或那個，這個雕刻品會更加出色。佛教徒則會問：這塊木頭本身就已經很美了，為什麼還要雕刻它？他們接受它原本的樣貌。」

「可是你不會真的把這塊石頭擺在客廳裡，對吧？」

「你沒抓住重點。我不是說我想把它放在客廳，但如果真要這麼做，我會欣賞它的每一種形態和特徵。細細觀察它的美，慢慢品味，與它融為一體。摸摸看，想想它在地球上存在了多久，可能已有六千萬年的歷史。相信在這漫長的歲月中，它的形狀和大小必定經歷了無數次的變化。它為什麼會在這個花園裡？一定是有人把它帶來的。為什麼是這塊，而不是另一塊？我不會把它帶回家。不是因為我不喜歡它，而是我覺得它應該留在大自然為它安排的地方。但如果我真的把它帶回家，那也將成為它旅程的一部分。倘若百年後我的房子倒塌了，所有財物都將化為塵土，這塊石頭就會出現，再次成為風景的一部分。有一天，它將變成沙灘上的細沙，某個孩子會用它來堆砌沙堡，它的形狀也將再度改變。」

「那些雕像呢？」

「嗯，那些雕像確實精美，這無庸置疑。這些藝術家樂於展示他們的技藝，那就好好欣賞吧。但你也該思考，在藝術家動手雕刻前，那棵樹有多麼美麗。樹枝上有節疤，有紋理，還附著青苔。傑克，睜開雙眼，看看這段樹枝上存在的奇妙小宇宙。」

我握著那截木頭，從未如此專注地觀察過一根斷枝。指尖順著木紋輕輕滑動，探入那些因節疤脫落而留下的小凹洞。樹皮上覆蓋著挺立的青苔和細小的蘑菇，觸感極佳，視覺效果更是令人驚嘆。

「外公，這根木頭太令人讚嘆了。你剛撿起來時，我完全沒注意到它有多美，現在卻這麼明顯。它有這麼多特色，我之前竟然完全忽略了。」

「傑克，讓它更深入你的內心。拿近一點。你能感受到其中流動的生命能量。試著與它合而為一，觸摸它，聞一聞它的氣味。如果你敢的話，甚至可以嘗一嘗它的味道。仔細觀察每一處細節，甚至還可以聆聽它的聲音。它有自己需要經歷的生命週期，在腐朽的過程中，它會改變形態，滋養其他生命。棲息在這根樹枝裡的小蟲和蟎蟲會慢慢分解它。它將孕育出更多的生命形態，使它們得以成長。這根樹枝的美妙之處在於，它將不斷地給予，直到轉化為另一種存在。

「萬物都會從一種狀態轉變為另一種狀態，直到最終化為塵土。我們是前幾代塵土的一部分，這就是為什麼我們與萬物同為一體。每個人在每一刻都呈現出自己獨特的完美。他們可能年邁衰老，滿臉皺紋，牙齒殘缺，雙腿無力；也可能年輕貌美，五官精緻。事實是，在生命的每個階段，他們都是完美的。**每一個階段都值得經歷，都是用來理解完美之中必須包含不完美，才稱得上真正的完美**。萬事萬物，無論是人類、岩石還是樹木，在生命的每個階段都是完美的，無需他人認可。但它們會改變，會成長茁壯，也會凋零，最終如萬物般化為塵土。屆時，它們將成為完美的塵土。」

我喜歡外公告訴我的這些話。經他這麼一說，一切都變得簡單明瞭。「你是在暗示我不該買雕像嗎？」

外公發出爽朗的笑聲。「我不是這個意思。如果某樣東西吸引了你的目光，或觸動了你的心，而你真的很想要，那當然可以擁有它、享受它。只是，別忘了留意周圍的美景，欣賞大自然在你眼前展現的一切，並接納這一切，因為你知道不完美也是一種完美。」

這番話簡單卻深刻，我從中領悟了一個全新的道理。「外公，我們繼續前進吧。」

「傑克，你來選擇吧，給我個驚喜。」

「好啊。」我轉動操縱桿，看見許多我們去過的地方名稱。有個名字一閃而過，我好奇那是什麼意思，於是將操縱桿往回轉，直到那個名稱再次出現在眼前。

「上面寫什麼？」外公瞇著眼睛望向顯示牌：「孤獨的旅程」。

STOP 31

人生是一趟獨旅
最終決定走哪條路的，只有你自己

車頭燈劃破黑暗，道路幾近寂靜無聲。我們正在穿越一座國家公園，至少看起來是如此。我注意到外公的巴士在中央白線上左右飄移。

「外公，我們停下來吃點東西吧，也許可以生個營火。你已經開了很久的車了。」

「傑克，我不確定還有沒有吃的。」

「有的。行李架上有一個野餐籃，裡面裝了很多點心和飲料。」

外公緩緩減速，在一片林間空地停下。我們把野餐籃放在毯子上。不到幾分鐘，就撿來了樹枝生起火堆。橙色火焰竄向夜空，驅散了黑暗。外公手裡捧著咖啡杯，凝視著跳動的火光，進入了說故事的狀態。我不願打擾。他目光矇矓，講述起年少時闖的禍，感慨農場生活讓他對外界的想像過於天真。這個世界對他來說始終是個謎，直到鮑伯和瓊安為他開啟了新的視野，帶來了不同的思考方式。

「那天晚上我和鮑伯、瓊安促膝長談，他們指出，無論身邊有多少家人朋友，人生這趟旅程終究得一個人走。」

「外公，為什麼只能一個人走？」

「鮑伯認為，每個人都有責任締造自己的命運。他說，家人朋友或許會影響你，但**最終決定走哪條路的，只有你自己**。」

「外公，他說得對。你對自己想要的東西一向都很堅定。」

「我盡量這麼做，但還記得我跟你提過我想創業的事嗎？那時我受家人的影響太深，沒能堅持自己的決定。」

我點點頭。

「鮑伯點出了一件即使成年後的我也從未察覺的事。」

「什麼事？」

「他說，關於你的一切都發生在你的腦海中，那是你思考和決策的地方。沒有人知道你心裡在想什麼，也永遠不會知道，無論他們自認多麼了解你。這是你私密的個人空間，讓你探索自己是誰，想成為怎樣的人。他要我質疑內在的自我，理解真正的自己。」

「要怎麼做呢？」

「我想過怎麼樣的人生？我能幫助誰？但他提出最觸動人心的問題是：如果知道自己只剩一個月的生命，我會有什麼遺憾？」

我緩緩吐出一口氣。「這問題太可怕了。」要是有人問我這個問題，我絕對不知道該怎麼回答。

外公點點頭，彷彿看穿了我的心思。「我承認這問題讓我有些措手不及，但確實是個好問題，讓我重新聚焦。我說我的遺憾很簡單：沒能向我愛的人好好表達愛意，沒能完成那些一直想做的事，還有多年未曾聯繫的老友。這些都是我的遺憾，對我來說都很重要。」

「外公，這些都是值得解決的事情。」

「我也這麼認為。然而，當我告訴鮑伯這件事時，他回應道：『那你為什麼不現在就去做呢？如果想念那些朋友，現在就打電話給他們；如果想向某人表達愛意，就現在行動；如果有未完成的計畫，就別再猶豫，趕快去實現吧。』」

「我懂了。鮑伯的意思是，如果這些事情能在生前解決，為什麼要等到臨終時才後悔呢？」

「傑克，你說得沒錯。他讓我意識到自己浪費了多少時間。這就是他所說的人生是一場孤獨的旅程。這些事，只有你自己能完成，而你應該趁著還有時間時去做，而不是等到後悔莫及。」

我覺得這些話很有道理。「外公，鮑伯說得對。想做什麼，就現在去做。掌握自己的命運。」

「沒錯。順從自己內心的想法。留在小鎮，或是遠走他鄉，這是你的選擇。你決定要不要結婚，你選擇要在哪裡工作，要出國還是守在家鄉，這些抉擇是你專屬的道路，只有你能走。」

我撿起幾根木頭，投入熊熊燃燒的火堆，心中閃過一絲疑惑：當這些木頭化為灰燼時，它們是變得更完美了，還是更不完美？我思考外公說的話。

「傑克，這是你的人生，是屬於你自己的道路。我們討論過，你的生活不該受制於他人的規則。可以聽取意見，但要分辨哪些是他們的期望和恐懼，哪些是你自己的。要忠於自己。」

「我知道。」有件事困擾著我，「可是外公，要是結婚或有伴侶了呢？」

「你當然應該考慮他們。在做出承諾前，希望你已經坦誠告知你的人生目標，這樣他們才能給你空間，而你也應該給他們空間。傑克，即使步入婚姻，人生依然是屬於你自己的旅程。許多人雖然和伴侶一起生活，但內心深處卻仍活在自己的世界裡。你必須坐上心靈的駕駛座，掌控自己的方向。善用生命這份禮物，掌控你的命運，全力以赴地向前。**無論做什麼，都別為自己的成就設限，別讓任何事物阻攔你，尤其是你自己。**」

「外公，你的話讓我熱血沸騰。我已經準備好掌控自己的人生，向世界證明我的能力。」

「很好。每個人都有證明自己的機會。當然，這機會並不均等。有些人每天的起步確實比我們更艱難，但他們仍能努力向前。」

「難道不是每個人都想過更好的生活嗎？」

「不盡然。有些人對現況心滿意足。並不是每個人都想攀登高峰或成為太空人。許多人只求平淡安穩，還有些懶惰的人只是浪費時間空想，卻從不真正行動。當我告訴你不要讓他人影響你的旅程，這個道理同樣適用於你。不要強求別人按照你的方式做事，他們必須為自己做決定。我只是點出這些差異，因為我不能告訴你該怎麼做。」

「如果有人問我意見呢？」

「那就另當別論了。如果有人請你幫忙，而你又有足夠的專業知識，當然可以提供建議，但不要告訴他們該怎麼生活，因為你的路不是他們的路。你可以建議他們善用自己擁有的一切，去追求最理想的人生。告訴他們要相信自己，然後勇敢去做。」

營火漸漸熄滅。我們望著一顆顆流星劃過夜空，隨後提著空了的野餐籃回到巴士上。「傑克，我們繼續上路吧。」

「下一站要去哪裡？」

「我在想，這次我們乾脆不設目的地，看看會發生什麼。這次就冒險一點吧。有時候沒有計畫，隨遇而安，看看最後會到哪裡，也挺好的。」

於是，我們就這麼做了。

STOP 32

活力街

用愛來保護自己，邪惡就無法造成傷害

雖然我很期待探索這個死後世界的奧祕，但疲憊感已悄然襲來。我不禁暗想，我們是否真能找到全宇宙最好的座位。前方，一顆燦爛明亮的巨星懸浮於蒼穹之中。「外公，我們朝那顆星星前進吧。」

「我還以為我們是要漫無目的地閒逛呢。」

「是啊，這裡就是我們本來沒有計畫要去的地方。」

「好吧。路標上寫著『活力街』。希望這裡別太熱鬧，我這把年紀可受不了。」

我們祖孫倆哈哈大笑。

外公駕駛著巴士，朝那顆懸浮的星星駛去。他微瞇著眼，因為數千盞燈泡

照亮了街道，使得整個區域更加明亮。每棟建築的正面都掛滿了彩色燈泡與絲帶，洋溢著歡樂的氛圍。那些建築看起來就像是精緻的糖霜蛋糕。

「外公，這地方看起來真棒，我們選對了。」

「是啊，確實不錯。你看大家多開心。」

我揮手示意，路人也熱情地回應，臉上洋溢著笑容。然而，當距離拉近，我卻注意到孩子們在擁擠的人群中被推來推去，不祥的預感頓時湧上心頭。我發現那些人臉上的笑容其實是假的，不過是畫著假笑的面具。我試著更靠近觀察。環顧四周，卻看見所有房屋的顏色都在改變。

「外公，是我眼花了嗎？這些房子好像在融化。」

外公點了點頭。房子確實在融化。那些原本美麗的檸檬黃與粉紅色柔和色調，以及白色糖霜裝飾，如今正化作紅黑交錯的條紋。此時，太陽正隱沒於不祥的滾滾烏雲，天空驟然暗了下來。我害怕極了。「別又來了！我們趕快離開這裡。」

擋風玻璃蒙上霧氣，模糊了外公的視線。水珠順著車壁滑落，在地面上匯聚成一灘水。車內的燈光忽明忽滅。我努力控制自己的呼吸。幽暗的光線將外公的身影與陰影交融在一起，幾乎無法分辨。在後視鏡裡，我看見他的倒影和眼中流露的恐懼。

「外公，怎麼了？」我喊道，但他沒有回應。我走到前方，看見車窗外，人群左右搖擺，宛如一片黑暗的汪洋，氣氛陰森詭譎。套頭毛帽下，一雙雙冰冷的眼睛透過剪開的洞口窺視著，武器在昏暗中閃爍著寒光。一個身影揮舞著絞索，另一人點燃了木製十字架。巴士前方，一名男子刻意放慢步伐，擋住我們的去路。

「這是怎麼回事？他們是誰？」

「傑克，離窗戶遠一點，別讓他們看見你。」

路中央燃起熊熊烈火，阻斷了我們的去路。外公停下巴士，人群將我們團團包圍，不可能繞過這道路障了。

「外公，我好害怕。」

「我也是。在我們去過的地方當中，這裡恐怕是最糟糕的了。」

「他們想要什麼？」

「這些人看起來心懷惡意，專門折磨善良的人，竭盡所能地恐嚇他人。越讓人不安，他們就越快樂。」

人群湧向我們的巴士，用力拍打車身與窗戶，並試圖撬開車門，響聲震耳欲聾。與我們同行的乘客身影忽隱忽現。一名男子揮舞著鐵棒，狠狠砸向車門，門板上被砸出一個洞，但車門依然紋絲不動。巴士後方傳來一聲巨響，後車窗碎裂了，玻璃碎片散落在走道上。一名手持骷髏權杖的男子穿過破窗爬了進來，我嚇得尖叫起來。

「別怕。」外公在嘈雜聲中大聲喊道，「**用愛來保護自己，抵禦邪惡。只要我們的心中充滿愛，他們就無法傷害我們。**」

我們拚命回想那些溫暖美好的時刻，互相提醒那些歡樂的時光。然而，那名男子仍舊步步逼近。外公站到他面前，直視那黑暗的戴帽男人，伸手指著我。「我的這位朋友來自帷幕的另一邊，那裡充滿愛與光明。傑克，你看著他的眼睛。」

我注視著那人，看見到他的表情變了。他似乎無法確定我是什麼，於是緩緩後退。我跟隨他的步伐，逼他更往後退。最後他從後窗跳出，也將其他人帶走。

外公的巴士因為我們純淨的思想而閃耀光芒，照亮了整條街道。陰影退回旁邊的巷弄，道路變得暢通無阻。外公駕駛巴士離開這條街。

「剛才那是怎麼回事？」我問道，「他們太可怕了。」

「我想那是邪惡的化身。」

「他們是怎麼變邪惡的？」

「有些人就是這樣，內心充滿不快樂，於是散播暴力與仇恨，以欺騙他人為樂。他們與善良脫節，永遠不會像我們那樣感到愧疚。如果我們傷害了別人，會感到懊悔，但他們永遠不會。」

「我無法理解怎麼會有人過這樣的生活。」

「你不需要理解，但重要的是，你要知道那種人確實存在。幸運的是，大多數人都品行端正，那種人只占極少數。」

「為什麼不把他們關起來？」

「你不可能把所有人都關進監獄。要對付邪惡，就得立場堅定，展現力量。當社區越是團結，邪惡的人就會越快離開。一旦他們無法再嚇唬正直的人，邪惡也就無法得逞。越多人一起抵禦這種邪惡，罪犯也就越難猖獗。」

「外公，你覺得這可能嗎？」

「當然可能。當一個社區罪犯橫行，就會出現轉機。到了某個時刻，大家會覺得自己受夠了，進而採取行動，清剿並揭發這些罪犯，直到他們離開為止。」

「真不敢相信這條街的變化這麼大。」我仍心有餘悸。

「傑克，這世上有太多虛假的東西。太多人帶著虛偽的笑容，這樣的面具很難看穿。你以為他們很真誠，但其實他們是在找機會欺騙你。企業組織和你以為了解的人，都可能是在裝模作樣。就像這條街的名稱：『活力街』，我原以為它的意思是要活得精采，享受人生。但當人群圍住我們的時候，我在後視鏡中看到了倒影。這才發現，『活力』（live）倒過來寫就是『邪惡』（evil），這些人總是扭曲事物來欺騙他人。」

「他們總會感到一些悔意吧。」

「不，孩子。他們不會像你我這麼在意，他們沒有道德良知。」

「那他們怎能心安理得地活著？」

「善良的人若無意中傷害了別人，會感到痛苦。良知會告訴他們那是錯的。而狡詐的人偷盜後，反而會為自己的行為辯解，甚至告訴自己：反正受害者的錢財一輩子也花不完。他們傷害了你，卻很快忘記自己做過什麼，然後轉而尋找下一個受害者。」

「這樣太糟糕了。」

「我知道，但這就是事實。我們生活的世界就是這樣。從統計上看，你遲早會成為受害者，總會有人盯上你。他們會欺騙你，或偷走重要的東西，那些你辛苦得來的東西。這種事發生時，的確會讓人難受，但別讓它在你的生命中占據太重要的位置。盡快釋懷，往後更加謹慎，接受自己成了統計數據之一，然後繼續過日子，財物終究是可以替代的。」

「如果真的發生這種事，我希望我能夠承受得住。」

「你別無選擇。有些人還在為五年前、十年前的事耿耿於懷，依然覺得自己被搶劫或被騙了。為何還要為這種事生氣？事情都過去了，該放下了。」

「可是他們覺得自己被騙了。」

「我理解，但現在他們其實是在騙自己，這樣反而讓他們無法享受當下的生活。他們不能一直停留在過去，將那段記憶留在心中，只會讓自己浪費更多時間。」

「也許他們希望有人來解決這個問題？」

「可能吧，但有時候，誰也無能為力。你打翻了一杯牛奶，杯子掉在地上摔碎了。這是無法挽回的，你只能放下。牛奶灑了，玻璃碎了，碎玻璃混在牛奶裡，已經無法挽救了。接受牛奶已經毀了的事實，然後繼續生活。」

我點點頭，慶幸那群邪惡的化身已被我們甩在身後。

「用同樣的態度看待你的人生。有些不幸的事就像灑了的牛奶一樣，無法挽回。如果遇到犯罪，報警就好，然後繼續過日子。沒必要浪費更多當下的時光，越早接受現況，就能越快回歸正常生活。」他瞥了一眼後視鏡，清了清喉嚨：「傑克，下一站要去哪裡？還是這次由我來選？」

「外公，你來選吧。到目前為止，我選的地方都挺糟糕的。就像你之前說的，那些溫暖的光芒和唱歌的天使都到哪去了？」

我們都笑了。外公設定了新的目的地：「時間的重要性」。

STOP 33

莫虛度光陰
可以有計畫地放鬆，切莫無節制地消磨時間

田野邊緣一道閃爍的亮光吸引了我們的目光。數輛巴士並排停靠，車頭均朝向我見過最大的電影銀幕。外公打了方向燈，駛離主幹道，轉入出口匝道。「看起來是汽車電影院。」他說，「我們休息一下，充充電吧。不知道在放什麼電影？希望是經典電影之夜。」

我們挑了一個位置，將巴士停在擴音器旁邊。一名女子朝這邊走來，但見到我們之後，旋即轉身匆匆離去。

「我應該沒看過這部電影。」我說，「也許是新上映的，或者是需要訂閱才能觀賞的影片。」

銀幕上的畫面不停變換，從一部電影切換到另一部。先是兩分鐘的愛情

片，然後是卡通，接著又轉為科幻片，完全沒有邏輯可循。我注意到有些司機手裡拿著電視遙控器，不停地轉換頻道。有些人沉沉睡去，有些人幾乎不看銀幕。「外公，這太奇怪了。」

「我也有同感。我們走吧，我很討厭有人這樣浪費時間。我的座右銘就是：活出精采人生！隨著年歲增長，生活漸趨安定，人很容易變得懶散。像這裡這些人，把大好時光耗費在看電視或無止境地上網，實在令人惋惜。」

「偶爾看看電視還行，但不能太常看。我有些朋友每天晚上都盯著電視。」

外公點點頭。「我許多朋友也是這樣。或許是因為我們整日忙於農事，才沒養成這種習慣。照料牲畜時，根本沒有多餘的時間可以揮霍。我自己也喜歡看電視，卻始終不明白，為什麼有人能一個晚上浪費五六個小時看電視？等到準備就寢時，卻又抱怨今晚的節目枯燥無聊。一整個晚上就這麼浪費了，究竟是為了什麼？這不是很荒謬嗎？」

「是啊，但有些人生活中也沒別的事可做。」

「我能理解，可是每天晚上都這樣？結果他們孩子也有樣學樣。」

「外公，你是在學媽媽嗎？該不會是在暗示我，花太多時間看電視或平板對我不好吧？」

「你想太多了。我並不反對電視或網路，這些都是很有用的工具，既能學習，也能娛樂。但就像上癮一樣，有些人一旦沉迷，便難以自拔，甚至淪為它們的奴隸，錯過了真實生活中更珍貴的體驗。」

「你說得對。就像我有時晚上會喝點啤酒放鬆，結果之後又懊惱自己浪費了這麼多時間。」

「嘿，偶爾放縱一晚沒關係。如果想看節目，就好好看，但看完就該關掉，別一部接一部追下去，結果把時間耗在原本沒計畫的事情上。時間應該花在更有價值的事物上。練樂器、學畫圖，或者做蠟燭，做什麼都行，只要別浪費時間。」

「外公，所以這就是你開始做蠟燭的原因嗎？」

「沒錯。我還會縫紉，這可不是一般男性擅長的技能。我會編織、打毛線，也會塗鴉、畫畫，還會用車床製作燈具。這些技能，全都不是從學校或父母那裡學來的。我給自己定了一個目標：每年都要學一項新技能。每一次新的嘗試，都讓我對這個世界多一分了解。我也因此結識了許多志趣相投的朋友，和他們一起度過愉快的時光，進行真正有意義的交流。這種深刻的對話，可不是坐在電視機前能得到的。」

「學這麼多技能，真的很厲害！你現在應該已經樣樣精通了吧？」

「還差得遠呢！每學一門新技能，我都得投入不少心力。每到新年，我會看看有哪些課程，然後決定今年想學什麼，是畫畫、跳舞、木工，還是焊接？只要讓我感興趣的，我都願意嘗試。我承諾自己，每年年底，都要比年初的自己更進步一些。就這麼簡單。」

「外公，這個計畫太棒了！我也要學你這樣做。」

「很好！**學習新技能帶來的收穫，遠勝於虛度時光**。對我來說，最珍貴的，莫過於結識那些技藝超群又有趣的人，他們的指導無法估量。」

「外公，我懂你的意思，但我還是喜歡看電視。」

他輕笑道：「沒問題啊！娛樂本來就是生活的一部分，放鬆也是必要的，不過，有計畫地放鬆，和毫無節制地消磨時間後覺得自己一無是處，結果可是天差地遠。如果能好好管理自己的空閒時間，生活會變得更充實。好了，說到這裡，我們就別再浪費時間了。走吧，看看我們怎麼讓這個世界變得更好。」

外公設定好顯示牌，嘴角揚起一抹微笑。好奇我們接下來要去哪裡，我抬頭望向顯示牌，上面寫著：「改變世界」。

STOP 34

你能夠改變世界

敞開心胸，不要限制自己的信念

前方道路豁然開朗，延展成一條寬敞筆直的步行街，兩旁綠樹成蔭。這裡看起來像是舉辦遊行或盛大慶典的地方。我彷彿能看見人潮沿街聚集，觀賞裝飾華麗的花車緩緩駛過，耳邊似乎響起軍樂隊嘹亮的演奏，旗幟在空中揮舞，夾雜著此起彼落的歡呼聲。前方果然聚集了一片黑壓壓的人海，應該有好幾千人。

外公發現了一處遊覽車停車場，於是駛入其中，將巴士停在一排遊覽車旁。「這趟旅程的最後一段路，就用走的吧。」他提議道。

這裡的環境清幽宜人。我們沿著步道緩步前行，朝街道的盡頭走去。遠處，樹林後方透出一道耀眼的藍色光芒。人潮絡繹不絕地朝那道藍光匯集，彷佛朝聖一般。人行道兩側的群眾熱情地為來訪者歡呼，彩帶與紙屑自空中紛飛飄落，隨風輕盈旋舞。無數氣球飄浮在頭頂上方，孩童們奔跑嬉戲，伸出小手試圖抓住那垂下的細繩。當我們漸漸接近那道藍光，璀璨奪目的光輝令人目眩神迷。人群不由自主地停下腳步，目瞪口呆地凝視著眼前的奇景。

我們來到一座寬廣的公共廣場。這裡本該矗立著世界偉人的雕像，或是有著伴隨悠揚樂聲與燦爛燈光、翩然起舞的噴泉。眼前，那道神祕藍光的源頭終於揭曉。當我意識到我們看見的是什麼時，不由得跪倒在地，伸手握住外公的手。

懸浮在離地面不到六公尺處的，是我們美麗的星球：地球。它的直徑約九十公尺左右，我看著它緩緩旋轉，周圍的大氣層閃爍著柔和的光暈，宛如一圈光環，令人嘆為觀止。就在我試圖接受眼前的景象千真萬確時，月亮出現了。它散發著耀眼的黃光，環繞著地球這顆美麗的星球運行。雲層在遼闊的大陸與湛藍的海洋上方悠悠飄過。一場猛烈的暴風雨正在菲律賓上空肆虐，閃電在北美上空的雲層頂端劃出一道道光痕。我們凝視著這一切，難以相信眼前所見。

「外公，這怎麼可能？這看起來像是從太空俯瞰地球的景象。」

「傑克，我就知道你會發現這是地球。」外公輕聲回答，目光始終不曾離開眼前的壯麗奇觀。「這或許是造物主的視角。」

「真不敢相信，我們居然能親眼看到這一幕。我們真的是這份美景的守護者嗎？」

周圍的人群越來越靠近那道光芒。有人舉著標語牌，上面寫著：改變世界、餵飽兒童、拯救地球、終結貧窮、對抗瘧疾。

外公離開我身邊，走到那顆旋轉中的美麗星球下方。我跟在他身後。地球就在我們頭頂，如此近距離地旋轉，每個角度、每個視野都讓人心醉神迷。我們在繞行時，發現一道通往一座平臺的巨大階梯。階梯上下起伏，人群排隊攀登。平臺往雲層移動，有人伸手穿過雲霧，拖曳出一縷縷雲絲。有些人輕撫雲朵，也有人將臉埋入大氣中。我看著有些人捧著紫色的泡泡，放手讓它們飄入大氣層。那些泡泡四散開來，有些分裂成一群更小的泡泡，輕輕飄向陸地，有些則沉入海洋。

「外公，你覺得他們拿那些泡泡做什麼？」

「我也在想這個問題，我們去問那個發泡泡的人吧。」

我們排隊緩步朝那名男子走去。他身形魁梧，穿著一襲黑色羊毛大衣，讓他看起來像一頭巨熊。他面帶微笑，為每個人遞上一個泡泡，我聽見他殷切叮囑不要浪費。在他的攤位上方，懸掛著一塊牌子，上面寫著：

「你能如何改變世界？」

二十分鐘後，終於輪到我們了。那名男子對我們微笑。「朋友，歡迎來到這裡。你們準備好改變世界了嗎？」

「先生，我不太明白這是怎麼運作的。像我這樣平凡的人，怎麼可能有能力改變世界呢？」外公問道。

「**任何人都有能力改變世界，只要做出決定，並付諸行動。**」

「那具體該怎麼做呢？」

「我來教你。你有三個選擇：你可以改變自己，讓自己變得更好；也可以透過幫助他人來改變他們做人處事的方式；或者，如果你真的想留下印記，可以成就一件非凡的事來改變世界，造福全人類。」

「一個普通人真有可能改變世界、造福人類嗎？」我問道。

「當然可能。到目前為止，每一次的改變都是普通人推動的。這不是什麼神奇的事，只要你敞開心胸，接納新的想法。關鍵在於不要限制自己的信念。」

我依然感到困惑。「可是……」

「啊，這就是你的問題所在了。」他溫和地打斷我。「當你用『可是』這個詞的時候，其實是在尋找退路，為自己找『我做不到』的藉口。」

這真的只是藉口嗎？我清楚地知道，自己或許無法成就任何足以改變世界的事。或許，這正是他想表達的意思。

「你有能力創造非凡的成就，只要願意嘗試，大多數人都能做到。」那人繼續說道，「缺乏自信是個嚴重的問題。許多人認為自己不夠優秀，因此不願嘗試。他們過於安於現狀，習慣旁觀他人的創新，表示讚嘆，甚至為他們喝采。遺憾的是，他們從不為自己加油打氣。他們崇拜的偶像其實與他們並無本質上的差異，唯一的差別只在於，那些人敢於離開舒適區，勇敢站起來，反覆嘗試，直到——奇蹟發生！他們不僅改變了自己的生活，也改變了周遭人的生活。」

這番話令我陷入沉思。他說得沒錯，我確實還在懷疑自己的能力，許多年來的制約讓我接受了自己不夠優秀、無法改變任何事的消極觀念。

外公打斷了我的思緒。「傑克，立志改變世界，或至少勇於嘗試，總比甘於平庸更有意義。」

「就是這種精神。」那人說道，「你們終於明白了。這些思想泡泡可不能浪費，它們必須落在恰當的地方，讓那裡的人採取行動。」

「我能再請教一個問題嗎？」我問道。

「年輕人，你想問多少問題都行。我的使命，就是幫助你理清腦子裡那團你稱之為大腦的亂麻。」

外公放聲大笑，我則不為所動。「您確定像我這樣的農場工人也能改變世界嗎？」

「當然。每個人從出生的那一刻起，就已經在改變世界了。但真正彰顯人類價值的，是你為了改善這個世界所付出的努力。這件事每天都在發生。從事普通工作的人發明了許多新事物。未必是實驗室裡的科學家才做得到，更多的是那些經常自問『我如何才能改善這個？』的普通人。無論你試圖改善什麼，都要帶著愛心去實踐。」

那男子指著高懸在空中、幾乎觸及地球表面的平臺。「去吧，站在屬於你的位置，把你改變人生的想法裝進思想泡泡裡，然後放手讓它在大氣層中流動。試著讓它落在你認為有人可能會接納你的想法，並且付諸行動、真正實現的地方。」

「你把我弄糊塗了。你是說我不必親自實現自己的想法嗎？」

「沒錯。如果可以，當然盡力去實現。然而，如果你的想法能大幅提升他人福祉，你卻沒有時間去推動，那麼最明智的選擇，是和更多人分享。釋放你的想法，大方地把它送給這個世界，讓其他人有機會承接。它將成為一個流動的思想，或許可能掠過幾個人的腦海，最終得以實現。這種無私的分享，能讓世界進步得更快。」

「這是不是表示，我的想法可能會成功，但功勞卻是別人的？」我不禁問道。

那人對外公眨了眨眼。「啊，年輕人的自尊心。挺有趣的，對吧？」外公微笑不語。

「年輕人，如果有人提出一個新的構想，能讓所有孩子都喝到乾淨的水，那麼，是誰發明的重要嗎？」

「應該不重要吧。」

「改善數百萬人的生活條件，遠比誰獲得讚譽更重要。你覺得那些被譽為某項事物發現者的人，真的就是最早想到那個點子的人嗎？」

「應該是吧，至少我以前是這麼認為的。」

「有些人確實是。但通常是普通人有了想法後，跟別人討論，試過但沒成功，最後摔在希望谷的岩石上。其他人接收到他們的構想或點子，再進一步發展。這就是為什麼歷史上，常常有許多發明家同時著手研究相同的概念，這是共享的點子在找能實現它的人。」

「您這麼說挺有意思的。」我承認道，「我曾經有個想法，就是在犁上加裝一個裝置。結果兩年後，我在農業展覽會上看到幾乎一模一樣的產品被擺出來賣。看來，有人和我想到了一樣的點子。我當時真的覺得自己的創意被偷走了。」

那人微笑著搖頭。「你不該這麼想。畢竟，你只是有了這個想法而已。你有實際動手做出那個新款式的犁嗎？」

「沒有，我只是想，也許某天會去做。」

「問題就在這裡。農民現在已經因為另一個發明家落實這個想法而受益了。很抱歉這麼說，但因為你沒有採取行動，你的想法就只是停留在腦海中的一個念頭，最終一無所獲。光有想法是不夠的，只有行動才能讓它變成現實。」

我知道他說得沒錯。「雖然我不完全同意你的看法，但我相信你是對的。」

「年輕人，我本來就是對的。我說這些，只是希望下次當你有類似的想法時，能夠真正去做點什麼。如果你總是光想而不行動，其他人就會接收到這個想法，然後實現。學會採取行動吧。」

「我明白了。下次我一定會行動。」

「很好。」男人指向天空，臉上綻放燦爛的笑容，「看看那片大氣層吧。那裡飄浮著好幾千個已流轉多年、精采絕倫的想法。它們曾進入許多人的腦海，卻沒有人動手落實。相反地，有時候，一個想法會同時落到位於不同大陸的兩個人身上，他們可能同時在努力實現這個構想。如果這個點子最終讓人類受益，那麼是誰先想到的，或是誰的名字被記載下來，真的那麼重要嗎？」

「或許沒那麼重要吧。」我從沒想過，我的某些想法可能來自於那些大方把想法發送出去、供他人使用的人。

那名魁梧的男子歪頭看著我和外公。他外套上的毛料蓬鬆了起來，讓他看起來更顯得壯碩。「我以前從沒見過像你們這樣的組合。你們各拿一個泡泡，然後去發射平臺吧。對著泡泡說清楚你的想法，確保它確實裝進裡面了。訊息越清晰，被實現的機會就越大。走上平臺，探身進入大氣層，然後放手讓泡泡飛出去。」他說完後便遞給我和外公兩個透明的泡泡，摸起來很柔軟，在掌心輕輕晃動時，觸感極佳。

我們道謝後，帶著泡泡走向發射平臺。一名女士給了我們一張現成的想法清單，以防我們一時之間沒有靈感。清單上列著各種能改善生活的構想，我思索片刻，然後把嘴貼近泡泡，大聲說出我的想法。泡泡瞬間變成紫色。我把耳朵貼上去，聆聽自己的想法，聽見它清晰而響亮地回傳過來。

外公陷入沉思。他在地球底部下方來回踱步了二十分鐘，手中的泡泡有如心跳般微微跳動。他在思考。我不想打擾他，於是坐在不遠處的公園長椅上，拿著泡泡看著他。終於，我看見他低聲對著泡泡說話，持續了整整五分鐘。他說得越多，泡泡便膨脹得越大。他說完後，便開始在人群中尋找我的身影。我迎上前，與他會合，然後一同走向其中一座延伸至高空中的平臺，旁邊是緩緩旋轉的地球。「傑克，你先來。」外公說道。

我們踏上階梯，在高約三十公尺的地方停下。平臺仍在緩緩上升，向著大氣層靠近。當地球的引力將我拉近時，我感到一股涼意。低頭俯瞰雲層下方，頓覺自身渺小無比。我們的星球散發著一種難以言喻的脆弱感。平臺繼續上升，越過赤道。我的鼻尖已觸及大氣層。我伸出手指穿過雲層。隨著地球轉動，雲朵從我的指尖滑過，拖曳出一道道痕跡。這感覺妙不可言。我把臉探入大氣層，感受到冰冷的空氣。我舉起手中的泡泡，等待恰當的時機。

幾分鐘後，我放開手讓泡泡飛出去，同時祈願我的想法能夠成真。我看著泡泡越飄越遠，然後往下盤旋飄向大地。地球在轉動，我的目光跟隨著泡泡，看著它飄向美洲，在新英格蘭上空停留片刻，然後消失無蹤。希望我那個關於成為更好的人的訊息也能幫助他人並成真。

我把臉從清涼的大氣層中移開，心中湧起一陣喜悅。環顧四周，看見許多人也在放手讓自己的泡泡飛走，每一張臉上都洋溢著希望。這一刻，真是令人感動。這麼多人渴望做些什麼來改善我們的生活。

「外公，輪到你了。去吧，去改變世界。」

外公微笑著，在我旁邊沿著平臺慢慢移動。「抓住我的腰帶，別讓我掉下去。」

他凝視著那耀眼的藍光許久，地球在他面前轉動。他把手放在大氣層外圍，閉著眼睛，彷彿在與一個活生生、朝氣蓬勃的心跳脈搏連接。地球是有生命的。外公心懷敬畏，握著泡泡，伸手穿過雲層。他深吸一口氣，往前傾身。我緊抓著他的腰帶，防止他摔落，不確定如果放手會發生什麼事。

他凝視著地球這顆美麗的星球，淚水順著臉頰滑落。從我站立的地方望去，他看起來就像某種守護著人類的高等力量。他將泡泡從手中推出去。泡泡瞬間分裂成上百個小泡泡。他的眾多想法像椋鳥群般盤旋在空中，隨著下方陸地的移動，整齊劃一地飛行。忽然一場風暴襲來，將這些泡泡吹散到四面八方。

外公微笑著，知道他的想法將觸及許多人的心靈。他已來不及親自實現這些想法，但還來得及將它們分享出去。也許有一天，會有人將他的理念付諸實行。外公再次凝視著下方，看著陸地和海洋從他眼前掠過，幾分鐘後，才從雲層中抽回身體。他凍得全身冰冷。我們默默地走下平臺。

外公緊緊摟住我。「傑克，你相信嗎？當我凝視著我們的星球時，我同時感受到一種最深切的愛與悲傷。這種感覺如此強烈，我得極力讓自己保持冷靜，否則就會崩潰。能夠見證這一切，真是莫大的恩賜。」

我強忍眼中的淚水，點頭回應。我抱著外公，心裡明白，我們在這裡的時光即將結束。

「傑克，我們共同經歷的這趟旅程實在太美好了。不敢相信我們竟然能夠體驗如此深刻的感受，親眼見到我們深愛的地球。我感受到對它深深的愛，彷彿它已經成為我的一部分，同時也感受到一股強烈的哀傷，因為我明白它的脆弱。這一切，遠超過我們當初搭上我那輛巴士時的期望。如果每個人都能如此看待我們的星球，就不會有人發動戰爭了。他們會發現美，也會散播更多的愛。」

我嘆了口氣。「你認為我們能改變世界嗎？」

「我們已經做到了。希望我們釋放的想法至少能有部分成真。」

「外公，你的想法是什麼？」

「哦，不過是我這個多愁善感老人的狂想罷了。但即使我的想法只有一小部分實現，也可能引發一場小型的和平革命。我始終認為，每個人都有責任讓世界變得更美好、更和諧，也有責任幫助那些困苦的人。我想讓那些狂妄自大的學會謙遜，也希望我們接觸的一切都能變得更好。」

「聽起來很不錯呢。這就是你放進泡泡裡面的想法嗎？」

「算是吧。因為我從未真正活出自己理想的人生，所以一直夢想著能夠給每一個年輕人最美好的體驗，一種他們原本無法負擔得起的生活，一個消除無知、匯聚文化、使世界更加緊密相連的計畫。」

「這就是你的願望嗎？」

「我稱之為『一生難得的旅行』。因為金錢蒙蔽了我們所做的一切，所以我想，為什麼不交換東西呢？貧窮與財富，是這個世界的兩大疾病。如果每個年輕人都能去自己嚮往的地方呢？一個沒有邊界，對十八到二十五歲的所有人開放的世界，那不是很棒嗎？」

「這麼做會有什麼好處呢？」

「這樣會讓大家更了解彼此。在二十五歲之前，沒有人需要工作。」

「二十五歲！這樣太老了吧。他們要做什麼？」

「嗯，這就是我放進泡泡裡的想法。」

「告訴我吧。」

「想像一下，如果在你十八歲時，國家發給你一張金卡，一張環球旅人卡。有了這張卡，你可以去任何地方，住任何住所，享用美食，甚至還可以工作。這不是能夠改變人生嗎？你可以品嘗各家餐廳的美食，參觀每個景點，所有的一切都是免費的。」

「外公，這計畫聽起來不錯，算我一份。」

「你能想像，我們世界的年輕人會怎麼自然地融入不同的文化嗎？想像一下，如果你能在法國生活幾個月，然後去澳洲，再去探索中國，接著前往日本。任何你嚮往的地方，費用全由政府支付。」

「聽起來超棒的，但這樣應該會花很多錢吧？」

「如果世界各地的年輕人能夠生活在不同的國家，結伴一起旅行，仇恨與種族歧視就會消失。七年後，每個年輕人都會對其他文化有更深刻的理解。他們會結識來自各地的人，擁有美好的回憶。他們會邀請朋友回家住一段時間。這就是我的夢想。給年輕人這樣的機會，他們就會接納所有其他的文化。若想創造一個更美好的星球，就必須讓年輕人攜手努力，共同造福全人類。我們應該成為一個幫助整體發展的物種，而不是被劃分成一個個國家，我們不該讓文化和膚色的差異成為彼此間的障礙。比起花費在戰爭上的鉅額金錢，這個計畫的成本根本微不足道。」

「但這麼做不會很危險嗎？」

「世界本來就是個充滿危險的地方，許多世界領導人不殺戮就不滿足，我們在年輕人心中灌輸對其他國家人民的仇恨與恐懼。我們需要一個全新的方法，一個大膽的計畫。」

「外公，我喜歡這個想法。你覺得它會在我有生之年實現嗎？」

「希望可以。我的泡泡已經飄向遠方，我覺得很有希望。這個想法已經在我心中醞釀了三十年，現在或許是最適合散播它的時候。傑克，也有可能這個想法永遠不會實現，只是一個老人的夢想罷了。」

「外公，誰知道呢？夢想是有可能實現的。想像一下，我可以去世界上任何我想去的地方。我會投它一票，也會告訴大家這是你的想法。」

外公笑了。「傑克，你知道嗎？那人說得對。不管是誰的想法都無所謂，只要能讓大多數人的生活變得更好，那就夠了。或許有朝一日，我的夢想會成真。總會有那麼一天吧。」

我們站在那裡，凝視著地球旋轉，不願離開這前所未見的奇景。「傑克，這不是最美的風景嗎？」

我凝視著地球，努力將它最後一次深深烙印在記憶裡，心知自己再也無法這樣看著我們的地球。「外公，這真是太不可思議了，其他東西都比不上。」

我們走回巴士，雖然沉默不語，但內心卻非常激動。外公給了我一個溫暖的擁抱。「無論接下來去哪裡，都無法和我們在這裡的經歷相比。」

「我同意。外公，就算是全宇宙最好的座位也比不上。」

「也許吧。」他微微一笑說道，「我們現在就去那裡吧。」

自從來到這個奇異的世界，我一直渴望找到這個帶著神祕色彩的地方，而現在，我們終於來到最後的時刻。我看著自己沿途隨身攜帶的那張淡紫色的車票，心中有種預感，這一切的等待會是值得的。

外公將目的地顯示牌改成：「全宇宙最好的座位」。

STOP 35

全宇宙最好的座位

掌握生命這份恩賜，好好運用

「傑克，現在不去沒機會了。」

「外公，終於要去那個地方了！我還以為你不帶我去了呢！真是太期待了。從這趟旅程開始，我就一直想知道那個座位究竟是什麼樣子，還有為什麼它是全宇宙最好的座位。」

外公咧嘴一笑。「等你看到的時候，自然就會明白了。」

「外公，快點踩油門吧！我們在這些奇怪的地方耽擱太久了，應該一開始就直奔全宇宙最好的座位才對。」

「傑克，要有耐心。我們必須先參觀那些地方，才能讓你對人生有更深刻的體悟。每個地方都非去不可，你應該也感覺到了吧？」

「我知道，但現在我只想找到全宇宙最好的座位。」

「好吧，傑克。坐好，享受這最後的旅程吧。」

外公的巴士引擎咳了幾聲，排氣管吐出一團黑煙。他用力踩下油門，但引擎卻沒什麼動力。巴士在路上龜速行駛了幾分鐘，最後停了下來。他關掉引擎，巴士靜止不動。我們坐在路邊，夜空漸轉轉為最深的藍色。

「外公，怎麼停下來了？巴士壞了嗎？」

他笑了起來。「問我的巴士哪裡沒壞，或許更容易回答。我停下來，是因為我們已經到了。」

我望向窗外，滿是疑惑。眼前除了一片漆黑，什麼也看不見。

「外公，我們幾乎沒動啊。目的地顯示牌一定哪裡出錯了。外面除了草地和樹木，什麼也沒有。我沒看到那個座位啊。」

「我的巴士從不出錯。它說到了，就是到了。」

「外公，你的巴士一定是拋錨了。」

「傑克，它絕對沒壞。你還沒領悟到，對嗎？」

「我不知道你在說什麼。難道我忽略了什麼顯而易見的事？」

「可以這麼說。它就在你眼前，而你卻看不見。」

「看不見什麼？」

「全宇宙最好的座位啊，還能是什麼？傑克，睜開眼睛。清醒點，看看在你眼前的是什麼。」

我擦去玻璃上的霧氣，凝視著黑暗。夜空下，除了樹木和山丘的輪廓，再無其他。我靠著椅背，聳了聳肩。這是我等待已久的重大時刻，結果卻大失所望。整段旅程都讓我感到困惑，我不想再多說什麼，只是默默地看著黑色窗戶上自己的倒影，思索著這一切究竟是怎麼回事。

然後，我笑了起來。「外公，我真是太笨了。我想我懂了。」

「是嗎，孩子？」

我點點頭。「外公，我想我已經找到全宇宙最好的座位了。它一直都在我眼前。我說得對嗎？」

「那取決於你看到了什麼。」

「我看到的是我的倒影。會不會是我自己，我的意思是……會不會我就是全宇宙最好的座位？」

外公摘下司機帽，臉上露出燦爛的笑容。「傑克，做得好。沒錯，就是你。」他伸出手與我握了握。

雖然我明白了，但心中卻感到些許失落。「我還不太明白這一切的真正含意。」

「其實很簡單。你，傑克·德雷尼，現在正坐在全宇宙最好的座位上。從出生的那一刻起，你就踏上了這趟旅程。父母賜予你生命這份禮物，讓你有機會去做任何你想做的事。你擁有自己的身體、思想和自由意志，你可以帶自己去任何想去的地方。你可以選擇努力奮鬥，也可以悠閒度日；可以幫助自己，也可以幫助他人。無論你選擇哪條路，都取決於你如何駕馭自己的巴士。你決定讓誰上車，想過什麼樣的生活。這就是全宇宙最好的座位，而它屬於你，盡情利用它吧！」

「所以，全宇宙最好的座位是我的。」

「沒錯，傑克。你的精神，或者說你的靈魂，不管你怎麼稱呼，它都坐在你的身體裡，看著外面的世界，決定下一步的行動。這難道不是最美妙的事嗎？」

「為什麼選擇我得到最好的座位，而不是別人？」

外公笑了起來。「傑克，不是只有你得到最好的座位，每個人都拿到了這份禮物。生命這份恩賜讓每個人都能坐在自己的身體裡，也就是自己的巴士前座，掌握著自己的方向。每個人都有能力創造卓越，也有可能虛度光陰。這是他們的選擇，他們的人生。他們會充分利用生命賦予的一切，還是虛度光陰，讓機會悄悄溜走？」

「我明白了。外公，我真的可以去任何地方嗎？」

「是的，你可以。任何你想去的地方，沒有任何限制。唯一的限制，是你自己設下的，或是你任由別人控制你的。」

「我要主宰自己的人生。」

「很好。每個人都應該坐在那個座位上，將自己的人生推向所能企及的高度與遠方，無論前方有多少挑戰。能夠誕生並擁有生命，給了我們每個人一個難以置信的機會。」

「外公，但不是每個人的處境都那麼理想。還記得上學時跟我同班的洛伊德嗎？他是盲人，這談不上什麼最好的座位吧？他要怎麼坐在前座看清楚方向呢？」

「沒錯。但告訴我，我們每個人出生時，有誰承諾過我們的人生會一帆風順？我不記得有誰說過人生會很輕鬆，許多人面臨著令人難以想像的困境，我們每個人也都有各自的難題。這些困難或許會成為阻礙，但在困境中保持正確的態度，能幫助我們跨越障礙。當我們準備好迎接挑戰，這個克服問題的過程會讓我們展現出最好的一面。」

「現在我知道我的巴士會怎麼帶我抵達目的地，生活似乎變得簡單了些。」

「傑克，我不確定生活會不會變簡單，但你應該試著去享受它。每個目的地都將成為另一項成就。完成了就把它們劃掉，然後給自己設定更高、更困難的目標。這是一種很棒的生活方式，因為你會不斷前進，不斷學習。了解你的巴士是如何運作的，應該能讓你更清楚怎麼規畫人生。」

「外公，我的想法已經改變了。我本來以為未來五十年我都會在農場工作，但現在我知道我是有選擇的。也許我還是會留在農場，但我願意接受不同生活的可能性，也相信自己能在世界上有所作為。你覺得我辦得到嗎？」

「當然。你是有潛力的。**從小事做起，逐步邁向更大的目標**。你已經把你的泡泡送入大氣層。你那些充滿生命力的想法正在盤旋，尋找落腳之處。」

「我的想法沒什麼特別的，只是希望成為更好的人，去幫助他人。」

「傑克，這樣已經很好了！想像一下，如果有一千人接收到並落實你的想法，成為更好的人，那會有多棒啊？」

我笑顏逐開。「我從沒這樣想過。」

「傑克，觀察你生命最美好的樣貌。你擁有的是獨一無二的珍貴禮物。有太多人糟蹋了自己的機會。決定你想有哪些成就吧。你現在是駕駛者。自豪地坐在前座，啟程吧！你坐在那個位置，是要改變你的世界。只有你能決定前進的方向，只有你能阻止別人引誘你步入歧途。這是你的座位，你的旅程，你的人生，而我也有我自己的。」

「我希望我的朋友和家人能一起搭乘我的巴士。」

「傑克，他們會的。要與人合作。每次幫助他人，都會得到滿足感，這是金錢買不到的。奉獻你的心和靈魂，鼓勵他人，但不要為了滿足他人的需求而活。問自己這個重要的問題：這是我內心真實的感受嗎？」

我笑了起來，回想到過去幾天的經歷。「這段旅程就像是專門為我規畫的，為了讓我找到真正的自己。」

「可以這麼說。但不只是你：**每個人都應該在自己的旅程中向內探求。必須質疑人生，努力尋找真正的自我。一旦找到，就能掌控自己的宇宙。每個人都必須保持積極，避免虛度光陰。**」

「外公，我同意。我會讓你以我為榮。」

「你已經做到了。」

我靠在椅背上，對著自己的倒影咧嘴而笑。曾經，我以為全宇宙最好的座位，是某種金碧輝煌的寶座，但現在，我發現了比那更珍貴的事物。我知道該如何塑造自己的命運，學會了該將這輛巴士駛向何方，一次迎接一個挑戰。我知道有人會助我一臂之力，也會有人試圖拖我後腿。但無論如何，我都會珍惜那些在我的旅程中扮演重要角色的人。能夠掌控全宇宙最好的座位，我感到無比自豪。這是我的座位、我的人生，是我成就大事的責任。而這一切，多虧了外公，是他讓我找到了自己在宇宙中的定位。也許我現在的使命，是將這份領悟傳遞給他人，幫助他們創造同樣精采的人生。

「外公，我現在總算明白什麼是『最好的座位』了。」

「很好。我看到你臉上浮現出領悟的神情。傑克，接下來要去哪裡？」

「我們都來過這裡了，還有什麼值得去的地方嗎？」

「這才只是剛開始。現在你必須做出正確的抉擇。想想未來那些令人振奮的發現吧！現在該繼續前進了。」

有件事一直困擾著我。「你還沒回答我最後一個問題。」

「什麼問題？」

「我什麼時候才能擁有自己的巴士？」

外公微微一笑。「現在你已經知道人生是怎麼一回事，你的任務就是召喚你的巴士，讓它活起來。小時候，你是乘客，如今你已經是個準備好迎接挑戰的男子漢。當你成為駕駛者，清楚自己要去哪裡時，你的巴士自然就會出現。」

外公將目的地顯示牌改成：「旅程終點」。

「外公，那是哪裡？」

「是我從這趟冒險開始就不斷靠近的目標。」

夕陽緩緩沉入地平線，天空被餘暉染成一片燦爛的紅。我們離開漆黑的森林，迎向燃燒著赤紅雲彩的無垠天際。

STOP 36

旅程終點
準備好掌控人生時，你的巴士就會出現

外公駕駛著巴士朝山頂前進。巴士發出陣陣劈啪聲，艱難地爬上陡坡。然而，這座山成了壓垮它的最後一根稻草，巴士燃料耗盡，徹底停了下來，排氣管裊裊升起一縷黑煙。外公鬆開手煞車，讓巴士順勢滑下山坡，轉進路旁的一處避車彎。一個路標指向附近的觀景點。他的呼吸變得急促而沉重，額頭滿是汗水。他拿出手帕，擦拭臉龐，神情顯得異常憔悴。

「外公，你還好嗎？」

「傑克，我沒事，只是這座山可真把我累壞了。我們下車透透氣，看看日落吧。」

「好，我覺得你需要休息一下。」

「我同意。」

「我們來觀星吧。這次換我當說書人，講故事給你聽，就像你以前對我做的那樣。」

「聽起來不錯。在進入下一階段之前，我想做這件事。」

「你說的是哪個階段？」

「嗯，我想我已經完成了這個階段，可以由衷地說，這一路走來，我每一個部分都很享受。但你知道嗎？我有點期待邁向下一階段。」

我們走下巴士階梯。外公的腳步有些不穩，他伸手緊抓住我的手臂，雙腿顫抖著。我告訴他慢慢來，小心翼翼地攙扶著他，沒想到他卻笑了起來。「什麼事這麼好笑？」我問道。

「人生的變化啊。過去是我扶著你，生怕你摔倒，現在換你幫我了。我想這就是生命的循環吧。」

我從巴士下方的儲物區取出兩把折疊椅。一輛造型流線的巴士就停在外公的巴士旁，它的目的地顯示牌上寫著：「你的命運」。我透過窗戶往裡望去，內部配有數位控制面板、電視螢幕、廁所，頂部還安裝著一個大型空調裝置。

「外公，這輛巴士也太漂亮了吧，全是最新的科技。當然，你的巴士也很好，但這輛實在令人驚豔。」

「你喜歡就好。它是你的。」

「我的！你在說什麼？不可能吧。」

「傑克，是真的，不過，我們晚點再談。相信我，我說是你的，就是你的。我曾告訴過你，當你準備好掌控自己的人生時，你的巴士就會出現，一分鐘也不會早，而現在就是那個時候。」

「我的巴士好時髦啊。為什麼我拿到的是一輛新車，而你的……嗯，有點破舊？」

他笑了。「確實如此，不是嗎？其實我對這輛巴士現在的模樣感到相當自豪。當初我拿到這輛巴士時，它就跟你這輛一樣，閃閃發亮，有嶄新的皮椅、拋光鍍鉻的車身，漆面完美無瑕。不過，那已經是很久以前的事了。你看到的這輛車，正是我用心駕駛過的結果。那些凹痕和刮痕，都是旅程中留下的印記，因為我就是這麼用心地經營我的人生。我過得很充實，在這七十二年的歲月裡走過了漫長的路。」

「外公，你確實是這樣，我沒見過比你更勤奮的人。」

「仔細看看我的巴士。每一道疤痕都彌足珍貴，每一哩路都是一次全新的學習經驗。我的愛與和平標誌，一路伴我同行，不僅刻在我心裡，也展露在外，讓每一個人都能看見我是誰、我相信什麼。我能清晰地記得旅程中大多數的時刻，並為此感到自豪。看看在我巴士上的故事是多麼獨特鮮明？你也該用你的巴士，去創造屬於你的故事。」

「我會盡力的。」

「很好。我相信，最糟糕的事，莫過於當你抵達終點時，巴士還是一塵不染，一道刮痕也沒有。你應該在人生的最後幾步時，筋疲力盡地爬到終點，然後笑看你的巴士在身旁解體。這樣的結局，才配得上那份賜予你的生命禮物。」

聽著外公這番話，我內心湧起一股強烈的情感。眼前的巴士，早已面目全非，那些傷痕真實地反映了他充實的一生。

「傑克，別只求安穩。享受你的旅程，因為這是你擁有的唯一時光。透過你的決定，掌握自己的命運。把目標輸入你那新潮的數位目的地顯示牌上，朝著你想去的地方前進。**有時候，你會走錯路，發現自己偏離了計畫。那也無妨，享受這些歧路。記得，沒有錯誤的決定。若想實現夢想，最重要的，就是相信自己。**」

「我會的。我已經在規畫我的巴士停靠站，準備出發了。」

「很好，看完日落後再回來吧！這會是個美好的時刻。」外公拍了拍衣服，整理袖口和衣領，挺直背脊，昂首闊步向前。我拿著折疊椅跟在後頭。

「外公，你怎麼知道路怎麼走？這裡明明沒有路標。」

「傑克，我就喜歡這樣。沒有路標時，就選擇那條你心中覺得對的路。」

外公穿過金雀花叢，朝著山下的一處觀景點走去。那裡視野開闊，可以俯瞰海洋，景色壯麗。鳥鳴聲漸漸沉寂，雲朵在火紅的天空中變換著形狀。我們聽見海浪在岸邊來回拖曳著礫石，太陽緩緩沉入地平線。我們坐在折疊椅上，舒適地望著月亮在天際航行。外公握住我的手，家人和朋友陸續抵達，從他們搭乘外公巴士下車的地方來到這裡。大家圍坐在我們身旁，唱著動聽的歌曲。

外公講述著我們奇特而美妙的旅程。大家笑得流下淚來。我們仰望夜空，星光穿透黑暗，銀河在頭頂上方清晰可見。「外公，你看那些星星，每顆星星都有機會發光真是太好了。」

外公笑了。「你知道嗎？有趣的是，我從來不覺得這是在仰望。我總覺得自己是在俯瞰宇宙，彷彿我正頭上腳下倒掛著，死命抓著不放。我想像自己正往下凝視著太空深處，如果地球忽然停止轉動，我就會朝著星星的方向墜落。」

我被他這天馬行空的想法逗笑了，他看事情的角度總是與眾不同。

「我們出發時，你說要帶我去全宇宙最好的座位，現在我們就在這裡了。」

「傑克，沒錯。我很高興你找到了自己。你發現了自我，也找到了你在宇宙中的座位。就像地球上的每個人一樣，你可以選擇讓這個座位成為最好的。還記得給我們泡泡的那個人嗎？他告訴我們，不要浪費泡泡，不要錯過做有意義事情的機會。他說得對。傑克，是時候駕著你的巴士，朝著夢想前進，去做出屬於你的成就。**生命是一份禮物，專屬於你，任你運用。**」

我對著夜空大喊：「我擁有全宇宙最好的座位！」

「傑克，這和你此刻站在這裡一樣真實。你的身體，你的思想，你的心靈。但我得提醒你，我帶你經歷的這趟旅程，純粹是我個人對人生的見解。這是我的信念，我的宇宙，從各方面來看，我都覺得無比正確。我相信，現在的我已與宇宙融為一體。在我離開之前，我試著不告訴你該怎麼生活，只是向你展示了一些方式，希望能幫助你自己思考。」外公伸手握住我的手。「傑克，謝謝你為我做的一切。我們一起度過了一段美好的時光，對吧？」

我從折疊椅上站起來，緊緊擁抱住他。他凝視著我。「鮑伯當年也是這樣擁抱著我。」他說，淚水靜靜地滑落他的臉頰。我們又抱了一會兒。最後，他緩緩鬆開手臂，但仍然握著我的手。「傑克，我的太陽已經沉落，我該走了。

謝謝你陪我度過這最後的時光。我會想念你，但我保證我們一定會再見面。祝我們一切順利。」

「外公，你要去哪裡？」

「重新開始。我會拿到一輛新的巴士，或許他們這次會給我一艘火箭呢！」他放聲大笑。

「我可以在那棵大樹下和你說話嗎？」我低聲問道，聲音忽然變得沙啞。

外公點點頭，鬆開我的手。他揮了揮手，身體緩緩往上飄。我凝視著他，目送他離開，直到他的身影完全消失在夜空之中。朋友和家人唱起一首古老的靈歌，歌聲在空氣中迴盪。

我拿起椅子，仰望星空。月亮散發著柔和的光芒，周圍環繞著彩色的光暈。星星閃爍不定。良久，我回到空地，心中湧起一股暖意，我知道外公一切安好。

外公的巴士籠罩在黑暗中。我看著他的目的地顯示牌，上面顯示著：停止服務。它再也不會動了。我走上階梯，拿起他的外套和帽子，最後一次環顧四周，眼角餘光瞥見那個老鼠啃食香蕉的小裝飾品，將它放進口袋裡。

我鎖上門，繞著他的巴士最後看了一眼。「愛與和平」的標誌正在褪色。

我把手放在陰陽符號上。「外公，再見。」附近樹上的葉子在微風輕拂下沙沙作響。

我的巴士停在路邊，燈火通明。我踏上車，明亮的光線照得我幾乎睜不開眼。儀表板上閃爍著全電子化的目的地顯示牌。我轉動鑰匙，幾乎聽不見引擎聲，只感覺到微弱的顫動。我調整檔位，駛上公路。可是，我該怎麼找到回家的路？

我開了一個多小時，但少了外公，一切都變得不一樣了。父母和其他家人出現在我的巴士上。我想起外公曾說過，當他們惦記我時，就會與我同行。但是現在，我不知道該去哪裡。我望著路標，卻毫無頭緒。忽然，我瞥見路邊站著一個熟悉的銀色發光身影，是外公的守護天使，她向我招手。我打開車門，她微笑著問道：「你要去哪裡？」

「我不太確定。我想先開車到處逛逛，試試這輛新的巴士。」

「有何不可？但你該離開這裡了，不是嗎？」

「應該是吧，不過我好像被困在這裡了。」

「那麼，你該回家了，那裡才是你該去的地方。」

我點點頭。「您說得對，但我迷路了，不記得出去的路，只記得自己是從天上來的。」

「把你的目的地顯示牌設為醫院。」她微笑著退回黑暗中。我正想開口道別，她卻已消失無蹤。

我覺得自己真笨。第一次有機會駕駛這輛巴士，帶我去想去的地方，結果卻搞砸了。外公說得沒錯，有時候我會走錯路。

我在目的地顯示牌上輸入醫院的名稱，前方的電子螢幕瞬間亮起鮮橙色的光芒。「帶我回去。」我低聲說道。

我的巴士開始沿著公路行駛，速度越來越快。道路中央出現一道耀眼的光芒，我的巴士直衝而過。當速度快到失控時，亮光和星星從我身旁飛掠而過，我緊緊握住方向盤……。

然後，世界歸於寂靜，只聽見外公心臟監測器發出的警報聲。

THE END

最後的結局

護士拉開我緊握著外公的手，用力搖晃將我喚醒。連結中斷的瞬間，我從漂浮在房間上方的狀態，猛然跌回自己的軀體。

另一位護士將我帶離床邊，安置在外面的走廊上。急救團隊正在全力搶救外公。那一刻顯得格外詭異，我透過窗戶看著他們按壓他的胸口，為他進行電擊，但他毫無反應。監測器上依然是一條直線。我想阻止他們，因為我知道他已經踏上另一段旅程。

母親淚流滿面地衝進病房，緊緊抱住我。「傑克，別擔心，他會沒事的，他們會救活他的，你一定會看到的！」她哭著說。

「媽，沒關係的。外公已經去了一個更好的地方。」

「別胡說。」

「媽，外公已經過世了，我當時和他在一起。」

「不，不要說這種話。如果他真的走了，我會受不了的。」

我知道這情況極不尋常。我陪著外公走到生命的盡頭，親眼見證了他的離去。唯一讓我困惑的是時間的流逝，我感覺自己離開了至少兩天，但當我回到這個世界，他的心臟監測器仍在發出警報聲。我無法解釋這種時間差異，只知道自己經歷了一場奇妙無比的旅程。

醫生離開外公床邊，走到我們面前，搖了搖頭。「很抱歉，是個壞消息，」他對媽媽說，「您父親的心臟太虛弱了，沒能撐過來。您想進去陪他一會兒嗎？」

媽媽全身顫抖。我看見她的下唇微微顫動，努力壓抑自己的情緒，但淚水還是無聲地從她臉頰滑落。我輕輕握住她的手，將她摟進懷裡。「媽媽，一切都會好起來的。」

雖然外公的離去令我悲痛，但知道死亡並不是一件可怕的事，心中感到些許安慰。他是帶著平靜與釋然，心甘情願地走向生命的終點。

第三部

重逢

那棵大樹

我手機的儲存空間快滿了。我把檔案上傳至雲端，這樣不僅能釋放出空間，也能建立備份。我靠坐在椅背上，目光投向咖啡館外，卻什麼也沒看見。傑克．德雷尼非常重視準確性，每個小細節都很講究。他講述了一個扣人心弦的故事。這個故事非比尋常，我卻反而有點不願將它公諸於世。我知道，一旦這篇故事落入其他雜誌手中，它很可能會被改寫、被稀釋、被扭曲，甚至被篡改成一個面目全非的版本，失去它最珍貴的真實性。

「這個故事太精采了。」我發自內心地說，「老實說，我從未聽過、也從未讀過類似的故事。」

「那麼，你相信我嗎？」

我凝視著他。這個人身上的一切都流露著真誠。我從未懷疑他誇大了故事內容。他沒有過分渲染事件，也並未試圖說服我，只是平實地陳述，彷彿只是在陳述事實。「我從沒想過，自己會對任何提供我們雜誌故事的人說出這樣的話，但是，傑克，我相信你確實有過這段經歷，一段極為獨特的旅程，它讓我開始質疑自己人生中許多既定的認知。」

「那你會刊登這篇嗎？」

「當然。這個世界需要知道，那些恐懼死亡的人其實不必如此。你讓我感到安心，明白死亡並不是我從小聽到的那種陰暗、可怕的結局。」

「這正是我想在雜誌和網路上分享這個故事的原因，這樣大家就有機會討論，擺脫對死亡的恐懼。此外，我也希望其他人能找到屬於自己的巴士，幫助他們走過人生的旅程。」

「這是個很好的觀點。我很好奇，你回來後，還能找到你的巴士嗎？我猜你現在應該沒有巴士了吧？」

傑克臉上綻放笑容。「有趣的是，我還真有一輛。外公過世後，我告訴母親，我會開巴士送她回家。她以為我瘋了。那時我才想起，我的巴士不是用來載我四處奔波，而是用來引導我怎麼過生活的。」

「那你有用它嗎？」

「有，每天都用。它讓我的生活變得簡單許多。今天的訪談就是個很好的例子。兩週前，我設定了以下的目的地顯示牌和巴士停靠站：

・目的地：分享我的故事。
・第一站：找到最適合我故事的雜誌。
・第二站：聯繫雜誌社，告知我有個特別的故事。
・第三站：堅持和法蘭克．科恩或資深記者對談。
・第四站：促成故事刊登，或聯繫另一家雜誌社。

「設定明確的目的地和規畫巴士停靠站，徹底改變了我的思考方式。我現在能完成的事情，比以前多很多。」

「傑克，我非常佩服你。」我輕撓下巴，思索該如何撰寫這篇報導。「你還是繼續留在農場工作。你不是說要改變世界？難道沒有其他的抱負了？」

「很高興你提到這點。外公過世幾年後，我終於向家人坦白了我和他一起尋找全宇宙最好座位的故事。我再也無法把這個祕密藏在心底，於是全盤托出。我告訴他們我對旅行的渴望，還有我對是否接手經營農場的猶豫。你知道嗎？我本來很擔心他們的反應，結果完全是我多慮了。奇怪的是，我爸聽完後，居然忍不住小聲歡呼了一聲。他說，他們從來不希望農場成為我的負擔，聽到我說出我的擔憂，心裡反而高興。我母親是個溫柔善良的人。她一直以為我想繼續經營農場，於是這些年來，她辛勤付出，只為了能幫我把農場經營好。當我告訴她我的想法時，她鬆了一口氣，彷彿卸下了千斤重擔。她告訴我，他們為了照料顧農作物和牲畜，犧牲了太多個人生活，既沒有假期，也沒有屬於自己的時間。

「當他們知道了我的想法後，我們一致決定將農場轉手。我父母賣掉了農場，現在跟新屋主簽訂了租約，住回了外公的老宅。我受聘為農場經理，負責日常經營事務。農場的新主人希望能在工作和生活之間取得平衡，所以我們現在是以團隊的方式合作。最棒的是，我們每個月都都有固定收入。當年爸媽自己經營農場時，根本沒有這樣的保障。有兩年時間，我到處旅行，去了歐洲、亞洲，還計畫明年去澳洲自助旅行。在那之後，我重新回到自己熱愛的工作，管理農場。但這一次，我們全家人不再背負終生的責任，也不再感受到曾曾祖父無形的凝視，那最沉重的壓力已經解除了。」

「傑克，這真的太棒了。你終於得到了自己想要的，我真心佩服你。看起來你們全家都有了新的開始？」

「確實如此，可以說，我們現在都更快樂了。我媽卸下了所有壓力，整個人看起來容光煥發，我對未來也有了更多的期許。」

「聽起來每個人都過得很不錯。」

「是的，我很高興能這麼說。法蘭克，關於我的故事，你還有什麼想了解的嗎？請儘管開口，別客氣。」

「你願意讓我拍些照片嗎？」

「當然可以。不如我們直接去農場，在田裡拍幾張？我可以帶你去看那棵大樹。」

「求之不得。雖然我這把年紀不一定爬得上去，但我很想親眼見見這棵有名的大樹。」

「那棵樹誰都爬得上去。它的樹枝很粗壯，踩著就可以往上爬。」

我們朝農場走去，傑克給了我幾張他外公的照片。真希望我能認識這位老人，一個留下如此多難忘回憶的真性情長者。他和傑克有著難以解釋的相似之處。我們穿行於田野之間，我彷彿成了他故事裡的一個人物。傑克的描述極為精準，那棵樹與他說的完全一致。一棵參天大樹巍然屹立於風景之中，格外引人注目。我們坐在樹蔭下，看著蜻蜓掠過水面。我讓傑克四處走走，自己則拿起相機拍攝一些照片。我感覺自己找到了百年難遇的故事，在我四十年的新聞生涯中，從沒想過會找到一個如此深深打動我心的故事。

我把相機架在樹枝上，設定了定時器，拍下我們倆站在樹下的合影。我爬進樹洞，傑克則爬到更高處，從上方為我拍照。樹蔭下涼爽宜人，忽然，我感覺有什麼堅硬的物體抵著我的背脊，便順手到背後抓住那惱人的東西。原以為是折斷的樹枝，結果攤開手掌，竟然發現自己握著一個老鼠啃食香蕉的小雕塑。

「嘿，傑克，你不是跟我提過這個嗎？」

他點了點頭。「我回來時，它就出現在我口袋裡，我也不知道怎麼會這樣。」

「它是用什麼材質做的？」

「你居然會問這個問題？真有意思。我認識的人沒一個能看出來，有人猜它可能是用隕石雕成的。」

這個小物件的觸感確實奇特。我不想離開。和傑克握手告別時，我感謝他分享這個故事。傑克輕撓著頭，用一種耐人尋味的眼神望著我。

「傑克，怎麼了？」

「我在想，也許你應該再打開手機錄音。這個故事，還有最後一部分我沒告訴你。」

我凝視著他。「你是在開玩笑，對吧？」

他搖頭否認。「不是，我還有一件事沒說。」

我絞盡腦汁也想不出傑克可能遺漏了什麼。在我看來，他的敘述已經很完整了，我擔心他會說出什麼不小心破壞這個完美故事的內容。「好吧，傑克，讓我聽聽這最後的部分。你記得它發生在故事的哪個環節嗎？」

「當然記得。我忘了告訴你真正的結局。」

「結局？你外公都過世了，還能發生什麼事？」

「等我解釋完，你就會明白了。」

我從口袋裡拿出手機，重新開機，靠著樹幹坐下。傑克摘了一根青草，含在嘴裡嚼著，繼續講述他的故事。

撒灰

我準備好履行外公最後的遺願。

我在午夜前離開。爸媽已經睡了，我確定自己能在日出前回來，不讓他們察覺到我曾外出。我在背包裡裝滿水和零食，還用毯子包裹著一個繪有天使圖案的沉重錫罐。我關上前門，踏入夜色中，穿越田野。四周寂靜無聲，只偶爾傳來某種神祕的碎步聲，打破了夜的沉寂。

微風拂過髮梢，我感到自由暢快。向稻草人史丹點頭致意後，我翻過籬笆，邁入另一片田地。回望山丘，家的輪廓已隱沒在黑暗中。銀色的月光灑滿田野，顯得格外迷人。風吹拂著作物輕輕搖曳。一隻貓頭鷹如箭矢般俯衝而下，迅捷而準確地叼起一隻田鼠。遠方的農舍透著點點燈火，在鄉間閃爍著溫暖的光芒。

大樹的輪廓在夜色中清晰可辨。我如往常般輕拍樹幹，憑著記憶走了五步，來到我們稱為「樹洞」的空心區域。我躺在那兒，想著外公和他的諄諄教誨，回憶我們共度的冒險，那趟奇幻的巴士之旅，以及探訪死後的世界如何徹底改變了我的生活方式。

仰望星空，我進入一種近乎夢境的狀態。我相信外公就在那片星海之中閃耀著，默默守護著我。隨著雙眼漸漸適應黑暗，更多的星星浮現，皎潔的月光如聚光燈般映照在蜿蜒的河面上。

飢餓感打斷了我的思緒。我翻開背包，取出三明治和水壺，過了一會兒，我大聲說道：「外公，你說過這是全宇宙你最喜歡的地方。你現在在這裡嗎？和我在一起嗎？請和我說說話，或給我一個暗號。」

微風掠過，樹葉沙沙作響。這是外公給我的暗號嗎？

「外公，我現在要完成你最後的心願了。」

我從背包裡抽出毯子，小心掀開，露出那個沉甸甸、銀色的錫罐。撬開蓋子後，我爬到更高處，沿著粗壯的樹枝緩緩移動，將外公的骨灰來回撒落，看著它們如細雪般飄落。

我跳回地面，把剩餘的骨灰撒在樹根周圍。「外公，你回家了。你將成為這棵樹的一部分，永遠活下去。安息吧，我好想你。」

我爬回樹洞，拉起毯子蓋住身體。外公安息了，腦海中浮現我們共度的歡樂時光，即使我只是個小男孩，他也把我當大人對待。從我十一歲起，他就讓我駕駛拖拉機。

睡意漸濃，我打算清晨返家，在任何人發現前回到家裡。樹洞的舒適讓我很快沉入夢鄉。

某種聲響將我從睡夢中驚醒。我屏息傾聽，樹枝斷裂的聲音讓我全身緊繃。也許是野生動物在下方覓食。手錶指針在黑暗中難以辨認，我估計大概睡了一小時。我的心臟彷彿快要衝破胸膛，我壓住胸口，試圖平復心跳，同時小心翼翼地向下窺視。

兩個模糊的少年身影正從樹下經過，低聲交談著。我伸長脖子想看得更清楚些，發現不遠處的樹叢邊有營火，兩個成人守在旁邊。我告訴自己，盜獵者不會這麼明目張膽，多半是露營客吧。

我縮回樹洞，屏息不動，不想嚇到這兩個年輕人。我希望他們會繼續往前走。如果他們爬到樹上，一定會嚇得魂飛魄散。

男孩率先開口：「這就是那棵鼎鼎大名的樹啊。」

「奶奶說得對，這棵樹確實壯觀。」女孩的聲音回應道。

「和其他的樹比起來，它簡直是巨人。這些白色粉末是什麼？怎麼會在這裡？」

「是啊，這是什麼東西？」

我看著那男孩用手指撥弄落在樹枝上的外公骨灰。「別碰，搞不好有毒！」

我再次探頭張望，看見那男孩在草地上擦拭雙手。「你覺得爺爺和奶奶今晚會來看這棵樹嗎？」他問道。

「不會，他們正在紮營，說要等早上再過來。我真不懂他們為什麼要來這趟懷舊之旅。誰會想重溫一個陌生人從黑暗中冒出來嚇人的經歷啊？我猜這就是奶奶說她暫時不過來的原因吧。」

「妳和奶奶連自己的影子都怕。我才不怕呢！我才不懂為什麼要繞過大半個地球，來進行這趟愚蠢的靈性之旅，附近明明就有雲霄飛車的主題樂園，為什麼要跑這麼遠來看一棵樹？」

「主題樂園？你說話小心點！記得爺爺是怎麼說的嗎？『大自然已經提供了世上所有的真實體驗，誰還需要主題公園……』真無聊，我想玩雲霄飛車啦！」

兩人笑成一團。

我全身顫抖，思緒紊亂。這不可能是真的，對吧？不知為何，我知道他們談論的是外公。這兩個孩子聽起來帶著英國口音，那麼，營火旁的那對夫妻，難道是……。

我從樹洞探出頭，看見那兩個少年正跨坐在較低的樹枝上。我清了清喉嚨，問道：「打擾一下，你們的祖父母是不是叫鮑伯和瓊安？」

女孩頓時僵住，男孩則跳下樹枝，尖叫著跑回營地，女孩迅速跟上。

我聽見營地傳來騷動，心想最好趕在他們回來之前離開。我跳向下方的樹枝，卻遲了一步。一名男子拿著手電筒照我，身後跟著三個人。我爬回樹洞，試圖拉開距離。手電筒光束筆直地照在我臉上。「你跟我的孫子孫女說了什麼，把他們嚇成那樣？」

刺眼的強光照得我睜不開眼睛，但我能感受到所有人的目光都集中在我身上。「沒說什麼特別的。」我回答。

「不可能什麼都沒說，你把他們嚇壞了。快說，否則我就上去抓你。」

這情況也太荒謬了吧。「我只是問你們的名字是不是鮑伯和瓊安。」

「什麼？」那男人愣住，轉頭看向身旁顫抖的妻子。「你怎麼會問這個問題？」

「我以為你們曾經來過這裡。」

「小伙子，你太年輕了，不可能是我們以前認識的人。我們至少三十年沒來這裡了，你現在不過十八歲吧？」

「但你們確實來過這裡，對吧？既然你們也來自英國，我猜你們就是鮑伯和瓊安。」

那男子笑了。「你以為每對來自英國的夫妻都叫這名字嗎？這到底是怎麼回事？」

他的笑聲莫名地讓人安心。我從高處跳下。那男子目不轉睛地盯著我，兩個少年驚訝地站在一旁。最讓我意外的是那位女士。她走上前，伸出雙手，輕輕搭在我的肩上。

「三十年前，我們在這裡有過一段奇妙的邂逅。如今故地重遊，你卻從黑暗中現身，還知道我們的名字。這太不可思議了，詭異到難以形容。鮑伯，這地方究竟怎麼了？」

「瓊安，別想太多，一定有合理的解釋。小伙子，你到底是誰？」

「我是你們當年遇見的那個人的孫子，我叫傑克。」

「你怎麼知道我們遇過什麼人？還有，你為什麼半夜出現在這裡？」

「你們可能不會相信，而且我在這裡的原因很特別，恐怕超出你們想像。」

「那就說來聽聽吧。」

「好吧，既然你們想知道的話。」

於是我告訴他們外公曾提起多年前與他們相遇的經過，以及他們截然不同的生活態度如何徹底改變了他的人生。

「不會吧！你外公還活著！」瓊安驚呼。「太好了！我們一直想找到他。真是太巧了！我們遇見了你，而你竟然是他的親人。」

「這不是巧合，是命中注定。」我深吸一口氣，「外公上個月去世了，所以我今天晚上才會在這裡。我來完成他的遺願，把他的骨灰撒在這棵樹周圍。」

兩個少年露出驚恐的表情，急忙拍掉身上的灰塵，飛奔回營地。

「真遺憾。」瓊安說道，眼中閃爍著淚光。「請節哀。他真的是個非常好的人，雖然我們相處的時間不長，但他對我們的影響深遠，那是個非常難忘的夜晚。」

「他也有同感，但你們才是永遠改變了他人生的人，你們教了他很多事。跟你們分開後，他腦中湧現出許多從未有過的想法。他買了你們推薦的書，也改變了自己的生活方式。」

他們邀請我到營火旁。我們坐下來喝茶。他們的孫子則待在露營車裡，大概是嚇壞了不敢出來。「這次沒開那輛福斯露營車嗎？」我問道。

「老貝西早就退役了。她陪我們走過很長的一段路。本來考慮租一輛車，但當年只有我和瓊安兩人，那時我們還很年輕苗條。」鮑伯笑著拍了拍自己隆起的小腹。「現在我們都發福了，還帶著孫子孫女，那輛車坐不下了。」他舉起車鑰匙。鑰匙鏈上掛著一個福斯標誌和一枚精美的琺瑯陰陽符號。「這個可不能少。」他說，「得時刻保持生活平衡。」

我會心一笑。鮑伯和瓊安給人一種真摯的感覺，散發著一種我從未在他人身上感受過的溫暖。我很欣賞他們對這次巧遇表現出的那種淡定接受的態度。「外公曾經跟我解釋過這個符號的含意，而那次談話也讓我改變了自己的生活方式。」

「很好。試著依循陰陽法則生活，領悟平衡之道。注重陰陽協調，保持生活平衡，能幫助你從容度過黑暗時期。當你理解萬物皆有對立、彼此相依時，生活自然會輕鬆許多。」

「這不是很不可思議嗎？」瓊安說，「我們曾經四處漂泊，沒有歸處，環遊世界，熱愛自由……直到遇見你外公。他跟我們談論家人，描述社區間緊密的聯繫，還有大家互相扶持的情形。我們也嚮往那樣的生活，渴望擁有一個真正的家，安定下來。於是，我們懷抱期待地回到英國，買下一塊土地，建造自己的房子，積極融入社區，盡己所能幫助他人。我們一直記著你外公的教誨，生活也變得更美好。能夠遇見這樣一位真誠善良的人，對我們來說，實在是莫大的幸運。他的話語充滿力量，讓我們從未懷念過去那四海為家的日子。」

鮑伯把手搭在瓊安的手臂上。「瓊安，還記得我們把那些照片放在哪裡嗎？」

她點了點頭，走進露營車，帶回一本相簿，翻到特定頁面後遞給我。這棵樹現在更高大了，大概高了約六公尺吧，但主幹倒是沒什麼變化。

瓊安翻到下一頁。照片中是年輕許多的她和鮑伯，身穿花襯衫，戴著串珠，穿著寬鬆長袍，站在一輛福斯露營車旁，車上畫了熟悉的嬉皮風格彩繪圖案。「這張是你外公幫我們拍的。」

我笑得合不攏嘴。「拍得真好，你們有幫外公拍照嗎？」

瓊安翻到下一頁，這次照片裡是鮑伯和外公並肩站在露營車旁。「這是我們唯一一張他的照片。我們帶著這張照片尋找這棵樹，心想如果能再見到他，那該有多好。我們也不確定是不是還能找到這個地方，但即使在昏暗的光線下，也大老遠就可以看見這棵樹。」

這一切實在太不可思議了。他們認為是外公改變了他們的人生，而外公卻深信，是他們改變了他。我不由感嘆命運的巧手安排。

接下來的幾個小時，我們圍坐在一起，分享彼此的故事。我詳細描述那趟奇妙的巴士之旅。「你們那趟旅程也太精采了！」等我講完後，鮑伯興奮地說，「我願意花大錢參加這樣的旅行，尤其是能近距離觀看地球的體驗，光是想像就讓人熱血沸騰啊！」

我最欣賞他們的，正是這種開放包容的態度。他們從未懷疑這趟旅程的真實性，從未詢問我是否確定，也不曾暗示這或許只是場夢。他們只是專注傾聽、真誠地回應，完全信任我說的話。

天色漸亮，是該告別的時候了。他們熱情擁抱了我。我邀請他們到家中共進早餐，他們欣然接受，但遺憾地表示行程已經排滿了，只能盡量在回程時順道拜訪。

「傑克，能認識你真的很開心。」鮑伯說，「我們此行原本是為了重溫當年和你外公相遇的那個夜晚，沒想過竟然會和他的孫子上演類似的奇遇。」

「要是能早幾個月來，再見他一面，該有多好。」瓊安補充道。

「我也這麼想，他一定會很高興見到你們。」我再次擁抱二人，「我得趕快回家了，不然我媽就要派搜索隊來找我了。」

分別時，晨曦已將玉米田染上一片金橙色。我穿行在高聳的草叢間，驚動了一群棲息的鳥兒，它們撲簌簌地振翅高飛。我的心激動不已，或許，外公當年也是這種感覺。直到今天，我仍然深信，那棵大樹是一個古老的靈魂，將我們所有人都凝聚在一起。

「法蘭克，這就是全部的故事了。你覺得怎麼樣？」

更美好的生活

我關掉錄音機，和傑克握手。「太精采了，結局完全出乎意料。沒想到你竟然遇見了鮑伯和瓊安，實在是太棒了。你們交換聯繫方式了嗎？」

傑克從口袋裡掏出幾張照片，一張是他們站在那棵大樹旁的合影，另一張則是多年前，鮑伯、瓊安和他的外公在同一地點拍攝的舊照。

「我可以複印這些照片，放進報導裡嗎？」我問道。

「當然可以，我很期待你會怎麼講述我的故事。」

我也很期待。「我也是。傑克，你希望這個故事能帶給讀者什麼？」

「我希望每個人都能找到屬於自己的巴士，邁向更美好的生活。還有，我不希望任何人害怕死亡，因為我確定那一刻將會很美好，沒什麼好怕的。」

我們離開那棵參天大樹，沿著山坡緩緩向上走去。此刻，我的編輯腦開始運轉，構思著雜誌的內容與標題設計。傑克與我分享的故事，完全符合「不可思議」和「真相」的每一項標準。在我們刊登過的故事中，大多數確實很離奇，精采的故事也不在少數，但這或許是我第一次能夠毫無懷疑地說出：我相信這個故事是真的。

抵達山頂時，我回頭最後再看一眼。微風吹過，葉片輕輕搖曳，陽光時隱時現，彷彿在隨風起舞。金色的光線穿透葉隙，為整棵樹鍍上一層溫暖的光暈，與周圍景致交相輝映。我凝視良久，心神為之迷醉。一種真正的靈性正展現在我眼前，我多麼希望能夠確切表達那份玄妙。唯一可以肯定的是，這棵古老的樹，正是一切事件的核心所在。

法蘭克・科恩

《不可思議的真相》雜誌編輯

詩

全宇宙最好的座位

生命於剎那間降臨，而今，你得以共享這片樂土。

此生無償贈予你，任憑掌握，如風馳騁，奔向遠方，亦可縱橫四海，因為這片珍貴的時空，獨屬於你。

你所熟悉的人們，那些與你同行、伴你左右的身影，滋養你、塑造你，使你成為今日的模樣。

然而此刻，你當親手雕琢自我，化為夢寐以求的姿態，塑成心之所向的形狀，不再為旁人的偏見所困。

你無拘無束，佇立於世界邊緣，這片天地，是你宇宙中的遊樂園。

須知，這段旅程唯你獨行，縱然有人曾與你並肩，共築片刻的部落，然而，你仍將獨自翱翔，因我們終究是獨立的個體。

你所能擁有的，最為珍貴的，莫過於為他人付出的能力：奉獻你的時光，智慧與才華，伸出那可供依靠或哭泣的肩膀，因為付出，人人皆可為之，且無須分文。

而你自己，又該贈予何種獎賞，才能滿足內心深處的渴望？

助人，是最適切的使命，哪怕方式微小而平凡。

是你，被賜予了生命這份瑰寶，你的內在，你的靈魂，擁有全宇宙最好的座位，因此，莫要辜負這獨一無二的機緣。

憑藉這副軀體——無論形貌、體型或膚色——勇敢前行，證明你當之無愧於生命這份厚禮。

盡情揮灑你獨有的天賦，至少在呼出最後一息前，竭盡所能，使這世界因你而更加美好。

你的最後時刻如霞絢爛，滿溢狂喜與極樂。無須再為俗事牽絆，只須輕盈踏步，奔赴樂土中的下一段奇旅。

葛雷姆．安德森

致謝

我要感謝我一生的摯愛，我的妻子布蘭達。感謝她在這本書多次修改的過程中，不斷鼓勵我堅持下去。如果沒有她的支持，這本書絕對無法問世。

我也要感謝羅恩和盧克，在無數個深夜的討論中，給予我寶貴的建議。他們陪我聽披頭四的《艾比路》，跟著一起唱，還一起喝可樂娜和沛羅尼啤酒。在疫情封城期間，我們有幸獲得了這難得的機會，共度一段優質時光。那段日子確實像是雙刃劍，但我慶幸我們充分利用了這段時間，不僅享受其中，還一起成長。

特別感謝我的編輯布萊奧妮．薩瑟蘭。她是位名副其實的專業人士。她對這本書的理解與修潤，讓我的作品達到了一個讓我自豪的水準。她對故事、角色、連貫性，以及如何改進等方面的見解，堪稱一項不可思議的才華。她在編輯過程中的能力堪稱奇蹟，我至今仍難以完全理解，只能由衷感謝她，並慶幸她是我團隊的一員，期待未來繼續合作。

感謝我的家人，布萊爾、克萊夫和奧黛麗，感謝他們不會因為我寫的內容而感到尷尬。還要感謝我的摯友布萊恩和莫拉格、羅伯特和葛妮絲、約翰和艾薇兒、湯米和莫琳。最後，也要感謝丹尼和安妮。感謝這些朋友默默支持，讓我可以全心全意地投入創作。

詩人約翰．多恩曾說：「沒有人是一座孤島，在寫作領域尤其如此。」我由衷感謝格林諾克作家俱樂部和蘇格蘭作家協會的每一位成員。他們給了我無盡的靈感，每當我讀到他們許多人創作的精采作品，總能從中獲益良多。

感謝所有對本書初期版本提供了寶貴回饋的試閱讀者：巴里和琳恩．麥古根、海倫．赫弗南、伊芙琳．戴維、奧黛麗．默里、茉莉．吉爾克里斯特、湯米．麥金托什、克萊夫、奧黛麗、布萊爾、布蘭達、羅恩。

感謝艾倫和米娜．斯蒂爾的鼓勵；哈里．楊耐心聆聽並對每一章節提出犀利的見解；桑迪．德雷珀對早期的編輯工作提供指導。

感謝克里斯．漢隆、保羅．康納利、伊恩．哈特和大衛．帕特森提供了我永遠無法獨自理解的商業見解。還要感謝銷售奇才傑森．摩爾。

最後，感謝在我的創作旅程中，每一位用思想和行動啟發過我的人。如果有任何遺漏，請告訴我。

衷心感謝

願愛與和平常與您同在

葛雷姆・安德森

圓神出版事業機構 Eurasian Publishing Group 用心與你對話．網野無限寬廣
方智出版社 Fine Press
www.booklife.com.tw
reader@mail.eurasian.com.tw
自信人生 200

全宇宙最好的座位：
我想這樣過一生！掌握人生方向的簡明手冊

作　　者／葛雷姆．安德森（Grahame Anderson）
譯　　者／聿立
發 行 人／簡志忠
出 版 者／方智出版社股份有限公司
地　　址／臺北市南京東路四段50號6樓之1
電　　話／（02）2579-6600．2579-8800．2570-3939
傳　　真／（02）2579-0338．2577-3220．2570-3636
副 社 長／陳秋月
副總編輯／賴良珠
資深主編／黃淑雲
責任編輯／林振宏
校　　對／林振宏．胡靜佳
美術編輯／蔡惠如
行銷企畫／陳禹伶．鄭曉薇
印務統籌／劉鳳剛．高榮祥
監　　印／高榮祥
排　　版／杜易蓉
經 銷 商／叩應股份有限公司
郵撥帳號／18707239
法律顧問／圓神出版事業機構法律顧問　蕭雄淋律師
印　　刷／祥峰印刷廠
2025年8月 初版

定價430元　　ISBN 978-986-175-856-5

我們最深的弱點，往往可能成為最強大的武器。
力量始終在你手上，你只是需要親身體會這個眞理。

——《與眾不同，更有力量》

國家圖書館出版品預行編目資料

全宇宙最好的座位：我想這樣過一生！掌握人生方向的簡明手冊／
葛雷姆・安德森（Grahame Anderson）著；聿立 譯. -- 初版. -- 臺北市：
方智出版社股份有限公司，2025.8
368 面；14.8×20.8 公分 --（自信人生；200）
譯自：The best seat in the universe : a simple guide to navigate life
ISBN 978-986-175-856-5（平裝）

1.CST：人生哲學　2.CST：自我實現　3.CST：生活指導

191.9　　114007869